SCHEERER

Fruchttragende Hecken

Büsche und Bäume

Mit 25 Abbildungen und 6 Tafeln

5. verbesserte Auflage
bearbeitet von
Dr. Heinrich Dapper
Professor für Botanik und Ökologie
an der Technischen Fachhochschule Berlin

1980
Siebeneicher Verlag Berlin

Scheerer, Gerhard:
Fruchttragende Hecken: Büsche u. Bäume/Scheerer — 5., verb. Auflage.
Bearb. von Heinrich Dapper. — Berlin: Siebeneicher, 1980.
ISBN 3-87617-059-1.
NE: Dapper, Heinrich (Bearb.)

Das Titelbild zeigt den Fruchtbehang der Japanischen Quitte *(Chaenomeles speciosa* Nakai).
Verfasser Prof. Dr. Heinrich Dapper, Berlin. — Zeichnungen im Text von Irmgard Erkens, H. Kusch und Ulla Mähler. Hochglanzfotos von Wilhem und Dr. Lucas. — Die erste Auflage erschien 1943.

5. verbesserte Auflage 1980

Alle Rechte, auch die des auszugsweisen Nachdrucks, der fotomechanischen Wiedergabe und der Übersetzung in andere Sprachen vorbehalten.
Copyright Siebeneicher Verlag, Berlin
Druck: Patzer Druck GmbH, Hannover

Vorwort zur 5. Auflage

Wenn eine Veröffentlichung wie die von Scheerer über „Fruchttragende Hecken" fünf Auflagen erfährt und in einem Zeitraum von über 30 Jahren ihren Leserkreis findet, dann dürfte sie wertvolle Anregungen bieten und immer noch eine Marktlücke schließen.

Diese Auflage konnte allerdings Herr Scheerer nicht mehr bearbeiten. So bin ich mit dieser Tätigkeit beauftragt worden. Im wesentlichen ist das Scheerersche Konzept geblieben. Neue Ideen sind also nicht eingebracht worden. Es ging vor allem um die Ausmerzung von Fehlern, die sich insbesondere auf den botanischen Sektor erstreckten.

Dem Siebeneicher-Verlag danke ich für die Berücksichtigung der z. T. recht umfangreichen Änderungswünsche.

Ich würde mich freuen, wenn auch die 5. Auflage wieder für viele Liebhaber und Praktiker eine nützliche Hilfe werden würde.

Im Frühjahr 1980

Prof. Dr. Heinrich Dapper

INHALT

Vorwort zur fünften Auflage 5

I. Die Hecken

1. Sinn und Bedeutung fruchttragender Hecken 9
2. Der Unterschied fruchttragender zu anderen Hecken . . . 22
3. Die Verwendung fruchttragender Gehölze 23
   Raumgestaltung Fruchtverwertung Schutz gegen unbefugtes Eindringen Farbenwirkung im Herbst
4. Die Abhängigkeit der Pflanzenauswahl von Boden und Klima 24
5. Die Auswahl der Hecken und ihre Anpflanzungsform . . 25
6. Die Auswahl der Gehölze nach Höhe und Breite 26
   Haus- und Kleingarten Größere Gärten, Parke, Obstanlagen Feldbegrenzungen an Rainen, Wegen und Straßen Weiden und Hutungen
7. Gehölz-, Baum- und Mischpflanzungen 29

II. Fruchttragende Hecken- und Gehölzpflanzen

1. Niedrige Hecken 30
   Heckenrose Japanische Apfelrose Schottische Zaunrose Apfelrose, Felsenbirne Feuerdorn Zwergmispel Japanische Quitte Mahonie Johannisbeere Stachelbeere Sauerdorn Apfelbeere Gartenheidelbeere
2. Mittelhohe bis hohe Hecken 50
   Haselnuß Holunder Kornelkirsche Sanddorn Büffelbeere Schlehe Traubenkirsche Weißdorn Ölweide Wacholder
3. Sehr hohe Hecken und baumartige Gehölze 76
   Haferpflaume Holzbirne Hagebuttenbirne Holzapfel Kirschapfel Maulbeere Mispel Elsbeere Mehlbeere Speierling Vogelbeere Quitte
4. Bäume, einzelstehende Gehölze und Einsprengsel . . . 95
   Edelkastanie Hauszwetsche Lokalsorten und Mostobst Mandel Sauerkirsche Süßkirsche Vogelkirsche Walnuß Türkische Weichsel
5. Verschiedene nutzbare Waldbäume 101
   Rotbuche Eiche Roßkastanie
6. Halbsträucher 105
   Brombeere Himbeere

III. Die Pflanzung

1. Beschaffung von Setzlingen 110
   Durch Kauf   Durch eigene Anzucht   Vermehrung durch Samen bzw. Früchte   Ungeschlechtliche Vermehrung Vermehrung durch Steckholz   Vermehrung durch krautige Stecklinge   Vermehrung durch Ableger oder Absenker   Anhäufeln   Vermehrung durch Ausläufer Vermehrung durch Wurzelschnittlinge   Veredeln

2. Die Vorbereitung des Bodens vor der Pflanzung 115

3. Das Pflanzen 117

IV. Die Pflege der Hecke

1. Bodenpflege, Düngung 120

2. Schnitt 123

3. Pflege 124

V. Schrifttum 126

VI. Pflanzenverzeichnis 129

VII. Sachregister 135

I. Die Hecken

1. Sinn und Bedeutung fruchttragender Hecken

Die Heckenlandschaft als Lösung des W i n d s c h u t z p r o b l e m s ist zwar keine neue Idee, aber ein Gedanke, der in seiner ganzen Schwere erst in diesem Jahrhundert zu einer Bedeutung kam, wie man sie vorher wohl kaum für möglich hielt.

Daß der Wind an der Gestaltung unserer Erdoberfläche einen großen Anteil hat, ist bekannt. Erinnert sei an den Lößboden, dessen Entstehung hauptsächlich dem Wind zu verdanken ist.

Bekannt ist andererseits auch seit langem die furchtbare und vernichtende Wirkung des Windes an der Küste, wo durch sie bei aufsteigender Flut die Wassermassen mit besonderer Wucht an das Land gedrückt werden, wo Deiche selbst in dieser Zeit noch brechen können, wo das Land dahinter von den Fluten begraben wird.

Der Wind zeigt in der Natur sowohl eine aufbauende, reinigende, trocknende Eigenschaft wie auch seine gefährliche Macht, viele durch die Natur und Menschenhand errichtete Gebilde zu zerstören.

Das alles ist dem Leser mehr oder weniger bekannt, und mancher wird selbst ein Lied davon singen können, wie ihm das Dach abgedeckt wurde, ein Baum umgeweht, ganze Waldstücke niedergelegt wurden, wie der Wind andererseits seinen nassen Acker rasch saatfertig gemacht hat, wie die Kulturen, die nach dem Dauerregen zu verfaulen drohten, vom Winde zur rechten Zeit getrocknet wurden, oder wie die Bestäubung der Windblütler durch ihn besonders günstig verlaufen ist.

Solche Erscheinungen, die im natürlichen Ablauf der Jahre und Jahrhunderte stehen und mehr oder weniger erfreulich oder auch unerfreulich sein können, vermögen wir, wenigstens im größeren Umfange, nicht zu beeinflussen; sie müssen so hingenommen werden, wie sie kommen.

Anders sieht es jedoch mit solchen Winden aus, die wohl natürlichen Ursprungs sind, deren Wirkung aber in falschen Kulturmaßnahmen zu suchen ist. Diese Auswirkungen veranlaßte der Mensch durch das Bestreben, ein möglichst bequemes, angenehmes und wirtschaftlich erfolgreiches Leben zu führen. Hierdurch ließ er sich schwere Eingriffe in das Gleichgewicht der Natur zuschulden kommen, die nicht mehr ohne Folgen ablaufen können.

Seit vielen Millionen Jahren ist alles Land von Natur aus mit einer Pflanzendecke überzogen. Sie entspricht den Standortsbedingungen. Aber der Mensch hat schon lange in mehr oder weniger starkem Maße diese Pflanzendecke zerstört oder zumindest verändert. Häufig geschieht dies, ohne daß er sich selbst über die Wirkungen Rechenschaft ablegt. Man denke z. B. an die Folgen der

Knick

Abholzung von Wäldern, der Entwässerung von Mooren und Niederungen, der Begradigung von Wasserläufen und des Vertiefens von Wasserstraßen. Alle diese Maßnahmen können nicht ohne Nachwirkungen bleiben.

Wenn unser Land oder unser Kontinent nicht eines Tages das Schicksal der Sahara und anderer Wüsten teilen soll, dann müssen wir unsere Aufgabe in den nächsten Jahrzehnten darin sehen, diesen heute schon in großem Umfang innerhalb des Lebens einer einzigen Generation auftretenden Folgeerscheinungen nicht nur nachzugehen, sondern aus ihnen auch die nötigen praktischen Schlüsse zu ziehen und versuchen, die bereits vorhandenen oder sich anbahnenden Schäden soweit wie irgendmöglich zu verhindern oder wieder auszugleichen.

Es kann nicht Aufgabe dieser Schrift sein, auf all die einzelnen Punkte näher einzugehen. Für den aufmerksamen Leser ist es aber immerhin von Wichtigkeit, wenigstens in Stichwortform etwas darüber unterrichtet zu werden. Dann wird ihm deutlich, welche Bedeutung Hecken haben und welche Vorteile speziell fruchttragende Hecken bieten können. Er erkennt auch, daß er mit diesen Anlagen auch gleichzeitig zur Lösung der Aufgaben des Windschutzes und der Landschaftspflege beitragen kann.

Früher mehr als heute waren Gärten von Hecken umgeben, die lauschige Plätze bildeten und einen harmonischen Ausgleich zwischen Kultur- und Naturlandschaft schufen.

Wenn bis zum Anfang dieses Jahrhunderts die Gesamtzahl der Heckenanlagen immer noch abgenommen hat, so ist das darauf zurückzuführen, daß man die Neuanlagen von Hecken vernachlässigte oder sogar vorhandene Heckengehölze als Folgeerscheinung des liberalistischen Wirtschaftsdenkens ausrottete, da in jeder Pflanze, die nicht dem reinen Nutzen diente, ein Unkraut, ein den Boden aussaugender Feind, ein Schatten werfender Schädling, ein die Sicht versperrendes Hindernis gesehen wurde. Das ist leider noch heute vielfach der Fall.

Wer am Rhein und anderswo die heckenartig geschnittenen Linden gesehen hat oder in stürmischer Lage der Eifel die bis 10 m hoch aufragenden, schmalen, geschnittenen Baumwände aus Rotbuchen kennt, der weiß, wie notwendig und wichtig sie sind, damit das Leben der Menschen und Tiere sich hinter ihnen erträglich und gesichert abwickeln kann, wie auch die Gebäude und Pflanzungen in ihrem Schutze gegen die Unbilden der Witterung geborgen sind.

Im ganzen Nordwesten Deutschlands, besonders in Schleswig-Holstein, treffen wir auf die Wallhecke, den K n i c k. Wenn sie auch in ihrer Hauptmasse erst aus dem Ausgange des 18. Jahrhunderts stammt, so gehen ihre ersten Anlagen doch bis ins 15. Jahrhundert und noch weiter zurück. Diese Pflanzungen zeigen uns, was ein Windschutz durch Hecken gerade in einem ständig von Winden beeinflußten Gebiet bedeutet.

Knick

Die Wallhecke entstand seinerzeit aus dem Bestreben heraus, das Vieh beim Austreiben auf die Weiden vom Betreten der am Wege liegenden Äcker abzuhalten. Um die Heckenpflanzungen selbst auch gleichzeitig dem Viehzugriff etwas zu entziehen, setzte man sie auf einen 0,60—1,20 m hohen Wall, der durch den Aushub eines oder meistens zweier danebenliegender Gräben von 1,20—1,50 m oberer Breite und 0,50 bis 1 m Tiefe gebildet wurde. Der Wall war oben 1,20—1,50 m breit und wurde meistens mit zwei Gehölzreihen 30 cm vom Rande bepflanzt. Die Setzlinge entstammten anfangs dem damals noch in Schleswig-Holstein vorhandenen Wald, dem sie entweder als Sämling oder als Steckholz entnommen wurden. Dadurch besitzen wir in dem alten Knick noch ein ziemlich getreues Spiegelbild dieser frühen Wälder.

Als dann bei der Landaufteilung Pflanzungen in größerem Umfang nötig wurden, und als der Wald, den man abgeholzt hatte, keine Setzlinge mehr lieferte, beschaffte man die Gehölze aus Baumschulen. Nun wurde aber nicht mehr eine Vielzahl von Arten verwendet, sondern man ging teilweise auch hier zur Monokultur über und schuf jetzt Hecken, die fast ausschließlich aus Weißdorn, Weiden und wenigen anderen Gehölzen bestanden.

Um dem Knick ausreichende Dichte zu geben, wurde ein Teil der Triebe heruntergebogen und teilweise auch miteinander verflochten (geknickt), dadurch entstanden später ganz eigenartige Baumgebilde.

Sind die Hecken auch kein Wald, so gaben sie dem Bauern doch Holz für die verschiedensten Zwecke seines Betriebes. Deswegen wurden zum ersten in der Hauptsache solche Gehölze gepflanzt, die sich alle 5—7, früher auch wohl 9 Jahre „auf den Stock setzen", also ganz kurz abhacken, absägen oder abschneiden lassen, ohne daß sie absterben. Zum anderen suchte der Bauer durch das Stehenlassen einzelner baumartiger Pflanzen, deren Holz für ihn in stärkeren Stücken wertvoll ist, auch teilweise den Bedarf an besserem Nutzholz aus eigenem Bestand zu decken.

Es ist ganz interessant, festzustellen, daß sich Hecken, die anfangs nur aus einer Pflanzenart angelegt wurden, mit den Jahren zu ähnlichen Gebilden wie der alte Knick auswachsen. Die Ursache liegt darin, daß die Bewohner der Hecken, also in der Hauptsache die Vögel, die Samen selbst nicht verdauen und dadurch die Pflanzen verbreiten.

Der Gedanke, fruchttragende Hecken, d. h. hier: Wildfrüchte liefernde, zu schaffen, ist kein ausgefallener, sondern in den alten Wallhecken schon in großem Umfange verwirklicht.

Wie Abbildung 1 zeigt, enthielten Wallhecken zu rund 68 % ihres Bestandes fruchttragende Gehölze, und nur 32 % waren andere Pflanzen. Das ist ein Zeichen dafür, daß die Vorfahren den Wert der Wildfrüchte gleichfalls zu schätzen wußten.

Knick

Abb. 1 Zusammensetzung der Knicks in Schleswig-Holstein
(Zusammengestellt nach Angaben von Christiansen und Olbrich)

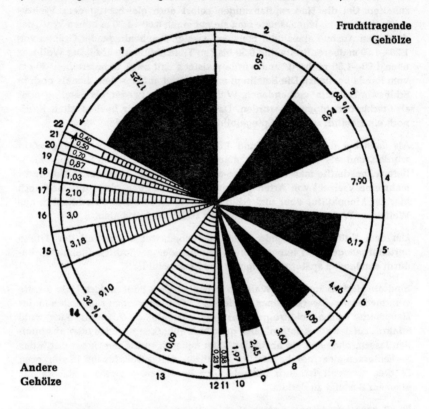

	Fruchttragende Gehölze			Andere Gehölze	
1	Haselnuß	17,25 %	13	Weiden	10,09 %
2	Stieleiche	9,95 %	14	Weißbuche	9,10 %
3	Brombeeren	8,94 %	15	Zitterpappel	3,18 %
4	Weißdorn	7,90 %	16	Geißblatt	3,00 %
5	Schlehdorn	6,17 %	17	Schwarzerle	2,10 %
6	Himbeere	4,46 %	18	Schneeball	1,03 %
7	Rosen	4,09 %	19	Ginster	0,87 %
8	Rotbuche	3,60 %	20	Esche	0,70 %
9	Vogelbeere	2,45 %	21	Pfaffenhütchen	0,50 %
10	Holunder	1,97 %	22	Verschiedenes	0,40 %
11	Apfelbaum	0,88 %			30,97 %
12	Kirschbaum	0,23 %			
		67,89 %			

Bestandteile der Hecke

Aus der tabellarischen Zusammenstellung (Abbildung 2) geht weiterhin hervor, daß die in den alten Wallhecken auftretenden Gehölze aus den v e r s c h i e d e n s t e n Gründen von der Mehrzahl der für die Heckenpflanzen sprechenden Autoren genannt werden. Sie sind aber auch zumeist in der Liste der Vogelschutzgehölze oder der durch Vögel zu verbreitenden Pflanzen verzeichnet. Die Empfehlung einer Reihe anderer Bäume und Sträucher durch Heuson kommt daher, daß seine Arbeiten nicht nur auf dem Gebiet des Windschutzes liegen. Die andersartige Zusammenstellung von Schwabe ist durch sein Interesse am Vogelschutz zu erklären.

Da bei der vorliegenden Arbeit von dem Gedanken der Hecke allgemein ausgegangen und außerdem das „Fruchttragende" betont wurde, ist die Gehölzliste in dieser Richtung natürlich ausführlicher gehalten, läßt andererseits aber die Pflanzen außer acht, die hier nicht hineinpassen.

Mit diesen Empfehlungen soll aber nicht die Verwendung der übrigen Gehölze verhindert werden. Es soll nur erreicht werden, daß die fruchttragenden Pflanzungen mehr als bisher berücksichtigt werden, weil ihr Anbau volkswirtschaftlich wichtig, praktisch, nützlich und auch schön ist.

Bei der Frage nach der Verwendung des beim Kappen der Hecken anfallenden Holzes sei daran erinnert, daß der Bauer früher viel mehr als heute auf sich selbst und die Erzeugnisse seiner Landwirtschaft angewiesen war und daß man damals Gegenstände, die heute in jedem kleinen Geschäft auf dem Lande zu kaufen sind, selbst anfertigen mußte.

So lieferten die H a s e l n u ß s t r ä u c h e r je nach Wachstum, wenn sie schlank und ebenmäßig entwickelte Vergabelungen besaßen, Rechenstiele, Bohnenstangen und Erbsenreisig.

Aus W e i ß d o r n h o l z stellte man Hammerstiele, ferner, wie auch aus dem der S c h l e h e , Flechtmaterial für tote Zäune her.

An $^2/_3$ m langen, daumendicken Stücken Holz von beispielsweise V o g e l b e e r e hängte man Würste, Speck und Schinken in den Rauchfang.

E i c h e n s t ä m m e im Alter von 24—27 Jahren ließen sich recht gut zu Wagendeichseln verarbeiten, dünne Triebe zu Handstöcken, mittlere waren für die Stalljoche der Kühe geeignet.

Dabei ist zu beachten, daß Traubeneiche und Weißdorn sehr hartes Holz liefern und daß das von Rotbuche, Apfel, Birne und Nußbaum noch recht hart ist. Dagegen können wir das Holz der Edelkastanie und Vogelbeere nur noch als mittelhart bezeichnen, und weiche Hölzer liefern dann Wacholder, Hasel und Roßkastanie.

Das Holz von Apfel, Birne und Buche läßt sich schwer spalten.

Erst seit dem vergangenen Jahrhundert stellte man fest, daß die Wallhecke und die Heckenlandschaft überhaupt noch viel wichtigere Aufgaben zu erfüllen haben, als nur das Weidevieh von den Feldern fernzuhalten oder Holz zu

Gehölzpflanzungen

Abb. 2: Gehölzpflanzungen in Knicks, Pflanzenvorschläge. Gehölzverbreitung und Vogelschutz

	Zusammensetzung der Knicks in Schleswig-Holstein (Auszählungen)				Pflanzenvorschläge		Heuson 1. auf Kulturland 2. Bäume a. Waldrand 3. Sonstiger Windschutz			Verbreitung			1. Nistgelegenheit u. 2. Deckung u. Nahrung für Vögel	
	durch Christiansen 1923/24 in % des Vorkommens	In Eichen-Hainbuchenlage an 6 verschied. Stellen	durch Olbrich		nach Seifert	nach Schwabe				1. Durch Vögel u. Nagetiere 2. durch Wind				
			Alte Anlage Tornesch von 100 Pflanzen	Neue Anlage Neumünster von 100 Pflanzen			1.	2.	3.	1.	2.		1.	2.
Haselnuß	17,25	28,6	17,0	5,9						X				X
Stieleiche	9,95		21,7	35,9		X	X	X	X	X				X
Brombeere	8,94	10,8	3,0	0,7	X	X	X	X	X	X		X		X
Weißdorn	7,90	5,7	0,5	0,6	X	X	X	X	X	X		X		X
Schlehdorn	6,17	5,1			X			X		X		X		X
Himbeere	4,46	2,4	2,7	0,3		X				X				
Rosen	4,09	4,5		0,1	X	X	X	X		X				X
Rotbuchen	3,60	3,6	0,8	22,3	X	X	X		X	X				X
Vogelbeere	2,45	1,2	8,0	0,7				X		X				X
Holunder	1,97	2,8	0,1	6,4	X	X	X	X		X				X
Apfelbaum	0,88		1,0		X			X		X				X
Süßkirsche	0,23			0,1	X			X		X				
Birnbaum	0,15									X				
Schwarze Johannisbeere	X													
Rote Johannisbeere	X	X												
Wacholder	X							X					X	
Traubeneiche	X		2,0											
Traubenkirsche	X													
Stachelbeere	X	X				X								
Wilde Johannisbeere														
Weichselkirsche			0,5	0,1										
Weiden	10,09	3,8	0,9	0,8	X	X		X	X		X			X
Weißbuche	9,10	27,5	19,6	20,1	X			X	X	X	X	X	X	X
Zitterpappel	3,18	0,3	4,2											X
Schwarzerle	3,00	1,2	0,9	0,9	X	X								X
Schneeball	2,10	1,1	9,4							X				X
Besenginster	1,03	X												
Esche	0,87									X	X	X		X
Pfaffenhütchen	0,70	X	7,2	0,1	X			X		X	X	X		X
Faulbaum	0,50	0,4			X			X						X
Silberpappel	0,20	X											X	
Efeu	0,15	0,3												X
Feldahorn	0,12	X				X								X
Weißbirke	0,10		0,5	3,4	X	X					X	X		X

Windschutz

liefern. Sie bietet auch vielen nützlichen Tieren Futter und Wohnstatt (frei- und höhlenbrütende Vögel, Igel, Kröten u. a.), trägt somit zur **Ungezieferbekämpfung** auf den umliegenden Feldern und Gärten bei. Den **Bienen** liefert sie Nektar und Pollen.

Daneben gibt die Hecke dem Landschaftsbild das Gefühl der Heimat, des Umhegten, Geschützten, ja, der Behaglichkeit. Sie umhegt auch den Raum, um ihn gegen Sicht und Straßenstaub zu schützen.

Eine der wichtigsten Wirkungen der Hecke ist der **Windschutz**. Der Wind, der stören, das dahinterliegende Land austrocknen und Boden verwehen könnte, wird abgehalten oder zumindest in seiner Stärke gebrochen.

Der starke Wind kann sich z. B. durch Abbrechen von Zweigen, Knicken von Blättern, Stengeln und Trieben, im Herunterschütteln oder Beschädigen der Früchte sehr unangenehm bemerkbar machen. Er hat aber noch andere recht beträchtliche Auswirkungen, die sich unter anderem in einer höheren **Wasserabgabe** durch die Blätter äußern. Außerdem kühlen sie dadurch ab. Es entsteht nämlich Verdunstungskälte, die das Wachstum verlangsamt.

Die geringe Luftfeuchtigkeit begünstigt bei Wind auch die Verdunstung der **Bodenfeuchtigkeit**. Es steht fest, daß bei ruhiger Luft, unter sonst gleichen Bedingungen, die Verdunstung wesentlich geringer ist als bei bewegter. Sie kann im Winde bis nahezu doppelt so stark wie bei Windstille sein.

Weiter kann festgestellt werden, daß der Boden am Tage nach einem Regen durch den Wind die größte Wassermenge abgibt. Dann läßt der Wasserverlust je nach der Bodenart nach. Also ist die Gefahr des Austrocknens unmittelbar nach einem Regen am größten, zu einer Zeit, in der die Feuchtigkeit erst wenig in den Boden eingedrungen ist.

Nach dänischen Forschungen soll der Wind etwa die Hälfte des Jahresniederschlages verdunsten.

Die **Aushagerung und Verwehung des Bodens** führte in Amerika dazu, daß ganze Landstriche den Humusbestand ihres Ackerbodens verloren haben und dadurch zur Wüste geworden sind. Auch in Deutschland kennen wir bereits einzelne Gegenden, die, schutzlos den Winden ausgesetzt, jährlich einen Teil des Kulturbodens an ihre Umgebung abgeben.

Vorhandene Wäldchen und Hofbäume wirken sich auf 500 m, Wallhecken auf 200 m schützend aus.

Einer durch Hecken geschützten Obstanlage können die trockenen Winde nichts anhaben. Die Narben der blühenden Bäume sind also in der Lage, den Pollen aufzunehmen, während die Bäume sonst wegen der oft durch den Wind trocken gewordenen Narbe nicht bestäubt werden können.

Über Messungen der Windstärke liegen von verschiedenen Seiten Angaben vor, die beweisen, daß durch Hecken mit beträchtlichen Minderungen gerechnet werden kann.

Mehrerträge

In Gießen wurde im März 1949 hinter einer 2,5 m hohen unbelaubten Weißdornhecke gemessen gegen 100 % in Luv:

        52 % in 1 m,   74 % in 13 m,
        59 % in 4 m,   80 % in 16 m,
        63 % in 7 m,   82 % in 19 m,
        61 % in 10 m,   91 % in 22 m

Entfernung von der Hecke.

Die Windgeschwindigkeit beträgt nach dänischen Beobachtungen in einer Entfernung der

        5fachen Höhe der Hecke 30—40 %,
        10fachen Höhe der Hecke 45—55 %,
        20fachen Höhe der Hecke 60—70 %,
        40fachen Höhe der Hecke 70—80 % und
        60fachen Höhe der Hecke 80—90 %

der Windstärke vor der Hecke.

In den Pontinischen Sümpfen und in Tripolis, wo schon umfangreiche Windschutzanlagen vorhanden sind, wurde festgestellt, daß die Hecken einen Landstreifen von der 6- bis 10fachen Breite der Heckenhöhe schützen und daß durch sachgemäße Pflege von Hecken und Baumstreifen der Wind statt einer Höchstgeschwindigkeit von 13 m/sec in ungeschützten Zonen, in den geschützten Gebieten nur eine Höchstgeschwindigkeit von 5 m/sec erreicht. Daneben war es in den von Hecken geschützten Ländereien in den Frühlingswochen wärmer, in den Sommermonaten dagegen kühler als in den ungeschützten. Die Luftfeuchtigkeit war in geschützter Lage immer bedeutend größer.

Da ja auch mit größeren E r t r a g s s t e i g e r u n g e n auf von Hecken geschützten Flächen zu rechnen ist, stellte Kreutz Versuche an, die gleichzeitig die Frage der besseren Wirkung dichter oder durchblasbarer Schutzwände klären sollten. Er bildete 120 m² große Parzellen, die er im Gegensatz zur ungeschützten Vergleichsparzelle allseitig einmal mit einem 90 cm hohen Rand aus Haselreisig, aus Gazestoff und dichten Rohrmatten versah. Angepflanzt wurde auf der ganzen Fläche Weiß- und Rotkohl. Bei der Ernte ergab sich, daß die Fläche mit der durchblasbaren Haselreisighecke bei Weißkohl einen M e h r e r t r a g von 155 % und bei Rotkohl sogar von 291 % gegen das Freiland erbracht hatte. Dagegen lagen die Werte bei der durch Gaze geschützten Fläche bei 92 und 142 %, bei Rohrdecken bei 57 und 45 %. Daneben konnte er noch die Erhöhung der Luftfeuchtigkeit bis 7,0 %, der Bodenfeuchtigkeit bis 2,8 %, der Tagesmitteltemperatur um 0,4 %, der Bodentemperatur um 0,2 % bei den Reisern feststellen. Die anderen Schutzmittel zeigten geringere Werte an, die Temperaturen lagen bei diesen rund $1/2°$ C **unter** denen des Freilandes.

Wärmespeicherung

Natürlich können wir mit derartigen Steigerungen in der Praxis nicht immer rechnen, denn es lassen sich nicht überall kleine Flächen abtrennen, und nicht alle Pflanzen sprechen so stark auf den Schutz an, wie es gerade der Kohl getan hat.

Recht bedeutende Mehrerträge wurden in der Ukraine durch die Anpflanzung von bis zu 50 m breiten, teilweise schon 35 Jahre alten Waldstreifen erzielt. Sie lagen bei der Gerste bei 26,8 %, beim Roggen bei 17,3 %, beim Hafer bei 14,7 % und bei der Sonnenblume bei 18,1 %.

Dagegen hatte die Kartoffelernte den geringsten Nutzen, nämlich nur einen 8,4 % höheren Knollenertrag.

Die Windschutzpflanzung wird sich häufig nicht nur in der Vergrößerung der Erträge der dahinterliegenden Pflanzung auswirken, sondern durch W ä r m e - s p e i c h e r u n g auch zu zeitigeren Ernten führen, wie ein Erdbeerenanbauversuch in Westjütland zeigte.

Wie sachgemäß ausgeführte Wald- und Heckenpflanzungen besonders in Trockengebieten mit den Jahren zur E r h ö h u n g d e r N i e d e r s c h l ä g e beitragen können, zeigten dänische Beobachtungen an Pflanzungen der dortigen Heidegesellschaft. Die für das Pflanzenwachstum so besonders wichtigen Regenmengen der Monate April bis Juni in der Zeit von 1870 bis 1933 stiegen von etwa 100 mm auf 150—160 mm. Der gesamte Niederschlag des Jahres stieg sogar von 640 auf 770 mm. Die Zahl der Regentage vermehrte sich dabei von 20—30 auf 35—38. Dagegen sind die Gewitterregen, die früher 26 % der Regenfälle betrugen, auf nur noch 4,5 % gesunken. Dadurch kamen Wasserverluste und Bodenabschwemmungen, wie sie früher durch die plötzlichen, besonders starken Regenfälle auftraten, kaum noch vor.

Durch eine Hecke wird auch die T a u b i l d u n g wesentlich gesteigert. Der Tau bleibt in dem umhegten Raum länger liegen und kann so für die Ernährung der Pflanzen besser und länger ausgenutzt werden.

Schubach fand 1949 hinter einer 2,5 m hohen Weißdornhecke
    in 1 m Entfernung   188 % der T a u m e n g e in Luv
    und in 16 m Entfernung noch 115 %.

Dazu war die V e r d u n s t u n g gegen 100 % in Luv
    in 1 m nur 70 %,
    in 16 m nur 95 %.

Die erhöhte Taumenge verdunstete also langsamer als in Luv, d. h. Boden und Pflanzen hatten länger Zeit, das ausgeschiedene Wasser zu verarbeiten.

F r o s t s c h ä d e n durch kalte und starke Winde können mit Hilfe der Hecke vermindert oder zumindest gemildert werden. Eine Hecke, z. B. um eine Weinbergsanlage, schwächt die Nachtfrostgefahr ab und kann der kalten Luftbewegung eine ungefährliche Richtung geben. Dazu muß natürlich oberhalb der Anlage eine dichte, nicht durchblasbare Hecke, z. B. aus Fichten, oder ein entspre-

Vieh, Vögel

chend breiter Windschutzstreifen gepflanzt werden. Temperaturmessungen vor und hinter einer derartigen Schutzwand ergaben bei Trier einen Unterschied von 4—5° C.

Nach Feststellungen aus der UdSSR war der B o d e n der Steppe hinter einem Windschutz 30—40 cm tief gefroren, auf der Windseite dagegen 70 cm, was besagt, daß auch in der Ebene eine Windschutzanlage gegen Frostschäden sehr wertvoll sein kann. Dabei ist aber noch weiterhin zu beachten, daß die Pflanzen vielfach gar nicht erfrieren, sondern der starke Wasserentzug durch den Wind sie vertrocknen läßt.

Von Bahndämmen und Straßen hält die Hecke im Winter die S c h n e e - w e h e n fern. Sie lagern sich dort ab, wo sie nicht schaden können. Auf den durch Hecken geschützten Flächen wird sich auch der Schnee, der an sich so wichtig für die Bodenfruchtbarkeit ist, besser absetzen und auf diese Weise den Boden düngen können. Er enthält Nährstoffe, die er aus der Luft aufgenommen hat.

Das w e i d e n d e V i e h findet hinter der Hecke Schutz vor scharfen Winden und heftiger Sonnenstrahlung. Es gibt mehr Milch, kann etwa 8—10 Tage eher auf die Weide kommen und dort länger verweilen. Ferner wird der Weideertrag erhöht und die Fläche feuchter gehalten.

Außerdem ist eine Zugabe von etwas Baumlaub, das die Tiere von den Hecken rupfen, zum Futter für unsere Haustiere von ungeahntem gesundheitlichem Wert, denn sie waren bis auf das Pferd alle mehr oder weniger Waldbewohner. Die nützliche Tierwelt wird unter anderem dazu beitragen, die das Weidevieh belästigenden Organismen zu bekämpfen.

Kleinvögel, die nicht mehr als höchstens 50 m über freies Gelände fliegen, werden durch Heckenpflanzungen in die Äcker geleitet und können dort Schädlinge der Kulturpflanzen in größerem Umfang vertilgen.

Eine Umpflanzung des Komposthaufens mit Heckengehölzen schützt die Humusmassen vor den bakterientötenden Strahlen der Sonne und hält sie gleichzeitig feucht.

B ö s c h u n g e n u n d H ä n g e lassen sich häufig nur mit Hilfe von heckenartigen Gehölzpflanzungen befestigen und ausnutzen.

Erfreulicherweise befinden sich unter den sogenannten Pioniergehölzen, also Bäumen und Sträuchern, die noch auf schlechtesten Böden in ungünstigster Lage wachsen und die ihren Standort durch ihre Gegenwart verbessern können, neben Aspe, Robinie, Weide, Birke, Erle, Ginster, auch Brombeere, Eberesche, Schlehdorn, Wildrosen und Weißdorn, die man auch ihrer Wildfrüchte wegen schätzt.

Der vom Wind verwehte U n k r a u t s a m e n wird von der Hecke aufgefangen, kommt an ihrem Fuße zur Keimung und stirbt aus Mangel an Licht und anderen Lebensbedingungen.

Unkraut, Holznutzung

Andererseits siedeln sich viele den Wildgehölzen vergesellschaftete Kräuter im Saum einer Hecke an und tragen dazu bei, die Landschaft zu bereichern, zu verschönern und die Zahl der Gewürze und Heilpflanzen zu vermehren. Häufig wird die Hecke, besonders in waldarmen Gegenden, regelmäßig alle 5—7 Jahre abgetrieben und liefert dann B a c k - u n d B r e n n h o l z in Mengen, die beachtet werden müssen.

Olbrich hat als erster an verschiedenen Wallhecken und anderen Windschutzpflanzungen Messungen und Berechnungen angestellt, um ihren Holzertrag zu ermitteln. Er fand bei einem Umtrieb von 78 Jahren, wie man ihn beim Waldbaum etwa zugrunde gelegt hat (bei der Wallhecke entspricht das einem 13maligen Kahlschlag, wenn dieser alle 6 Jahre erfolgt), daß eine Menge von rund 850 fm Holz gewonnen wird. Dies stellt einen höheren Ertrag dar, als er durch Eiche, Buche und Kiefer auf einem Boden erster Bonität zu gewinnen ist, einschließlich der Holzmasse, die bei der Durchforstung des 80 Jahre währenden Umtriebes anfällt.

Selbstverständlich erhalten wir diese Mengen nur von Pflanzungen mit ausgesprochenen Holzlieferanten, wie etwa Erle, Eiche, Ahorn, Birke, Esche, Eberesche, Linde, Pappel und Weide. Für fruchttragende und andere Heckensträucher muß mit erheblich geringeren Massen gerechnet werden, doch ist auch hier noch die H o l z n u t z u n g erheblich.

Bedauerlich ist nur, daß heutzutage ein solches Holz keinen besonderen Wert besitzt und dem Besitzer eher lästig ist. Aber man sollte bedenken, daß sich die Zeiten ändern können.

Einen nicht zu unterschätzenden Nutzen bringen Hecken auch als B i e n e n - w e i d e. Bei der Bedeutung, die den Bienen zukommt, ist die Vermehrung jeder Futtermöglichkeit, gerade in den Frühjahrsmonaten, von großem Wert. Immer wieder muß darauf hingewiesen werden, daß ohne die bestäubende Tätigkeit der Honigbiene eine Obsternte in nur äußerst geringem Umfang möglich ist, ebenso wie eine große Reihe anderer Kulturpflanzen ohne sie nicht die gewünschten Erträge bringen würde.

Von G e g n e r n d e r H e c k e werden verschiedene Einwendungen gegen die Erhaltung bzw. die Anlage einer Hecken- oder Gehölzpflanzung vorgebracht, z. B. :Die Pflanzen saugten den Boden stark aus, wo die Hecken ständen, könne nichts anderes wachsen, die Pflanzungen würfen viel Schatten, verbreiteten Ungeziefer und Unkraut, die Saat könne wegen der Erhaltung der Schneedecke oft erst spät erfolgen, wegen der erhöhten Feuchtigkeit wüchse die Gefahr von Pilzinfektionen, die Pflege der Hecke verursache unnötig Arbeit, sie bedeute Landverlust und Arbeitserschwernis.

Sicher braucht jede Pflanze zu ihrem Wachstum Nahrung, die sie dem Boden entzieht; dadurch wird zweifellos eine gewisse Fläche rings um die Hecke nahrungsärmer und damit für Kulturpflanzen weniger wertvoll. Allerdings ist

Schattenwirkung

festzustellen, daß bei sachgemäßer Düngung der Heckenpflanzen die Wurzeln in der Nähe bleiben, weil sie nicht das ganze umliegende Land nach Nahrung durchstreifen müssen.

Was die Schattenwirkung anbelangt, so läßt sich diese wohl nicht abstreiten. Sie ist es aber andererseits auch wieder, die mit dazu beiträgt, die Taufeuchtigkeit zu erhalten, was doch neben dem direkten Nutzen für die Pflanzen wesentlich zur Vergrößerung der wertvollen Luftfeuchtigkeit beiträgt. Außerdem werden manchmal sogar des Schattens wegen Hecken und Gehölze an Sitzplätzen, Komposthaufen, Viehweiden u. ä. angepflanzt.

Zum Einwurf der Verbreitung von Ungeziefer und Unkraut ist zu sagen, daß dieser nur berechtigt ist, wenn nicht ganzheitlich gedacht wird. Baut man die Gehölzpflanzungen sachgemäß für den Vogelschutz aus, wird eine als Folge einer Heckenanlage auftretende Ungezieferplage nicht nur unterbunden, sondern man wird im Gegenteil eine zusätzliche Vertilgung des Ungeziefers durch Vögel auf den umliegenden Ländereien erleben. In dieser Beziehung sei aber auch auf einen Punkt hingewiesen, den man bei der Pflanzung von Hecken beachten sollte.

Es gibt einige Gehölzarten, die Überträger von Krankheiten auf Kulturpflanzen sind. Dazu gehören Berberitze und Mahonie. Beide sind Zwischenwirte des Schwarzrostes des Getreides und dürfen deswegen nicht in die Nähe von Getreidefeldern gesetzt werden. Zum anderen sollte vermieden werden, Weißdorn, frühblühende Traubenkirsche, Schlehe, Vogelkirsche, Türkische Weichsel und Vogelbeere in die Nähe oder um Obstanlagen zu pflanzen, weil sie Wirte einer Reihe von tierischen Schädlingen sind, die auch die Obstbäume befallen. Es ist bei Pflanzenschutzmaßnahmen nicht immer möglich, auch die in der Nähe stehenden Gehölze mit in den Schutz einzubeziehen. In Heckenlandschaften kommen durch die Anwesenheit von Wiesel, Iltis und Igel in Wallhecken keine Feldmausplagen vor, wie man sie in der ausgeräumten Landschaft alle paar Jahre beobachten kann. Die Annahme, die Heckenlandschaft bilde eine Unterschlupfmöglichkeit für Mäuse, ist falsch. Nach Untersuchungen von Herold ist die Feldmaus ein Steppentier und bleibt also schon aus diesem Grunde gar nicht in den Hecken.

Unkrautplage durch Gehölzanlagen kommt deshalb nicht in Frage, weil Hecken viel eher den herumfliegenden Samen der Unkräuter abfangen und in ihrem dunklen Innern nicht zur Keimung bringen lassen. Wo tatsächlich die Gefahr der Pilzinfektionen und der zu späten Aussaat besteht, sollte an die Auswahl der Kulturpflanzen gedacht werden. Man muß sich darüber im klaren sein, daß nicht alle die gleichen Standortsansprüche stellen.

Was die verlorene Fläche betrifft, so steht der Verlust in gar keinem Verhältnis zum Nutzen.

Wenn von der Arbeit gesprochen wird, die die Anlage und die Unterhaltung der Pflanzung verursacht, dann sei bedacht, daß z. B. beim Schnitt, der Haupt-

Aufbau der Hecke

arbeit, entweder Brenn- oder Nutzholz oder manchmal sogar verwendbares Drogenmaterial abfallen (z. B. bei Brombeere, Himbeere, Haselnuß, Schwarzer Johannisbeere, Maulbeere), und wenn das alles nicht der Fall ist, so immer noch Holz oder grünes Zweigwerk, das wertvolle Humusmassen bilden kann oder Viehfutter liefert.

Aus diesen kurzen Ausführungen, die das Für und Wider einer Hecke oder heckenartigen Anlage behandeln, ist ersichtlich, daß z. B. der Nutzen einer Unterbrechung der Kultursteppe durch Gehölzpflanzungen, ganz abgesehen von der Verschönerung der Landschaft, wirklich so groß ist, daß dort, wo es möglich und angebracht ist, zu diesem Hilfsmittel gegriffen werden sollte. Wenn es sich um fruchttragende Gehölze handelt, liegt durch die Fruchtverwertung und die Bienenweide ein besonders großer Nutzwert vor.

Der hohe Wert der Hecken auch an anderen Stellen, um Weiden, in und um Gärten usw. wurde schon vorher erwähnt.

Die erschreckenden Folgen der nur nach erwerbswirtschaftlichen Gesichtspunkten umgebrochenen Prärie in Nordamerika sollten Veranlassung genug sein, die sich bei uns mehrenden Anzeichen von ähnlichen Folgen des Ausräumens der Landschaft und anderer mit den Naturgesetzen nicht in Einklang stehender Maßnahmen zu bekämpfen.

Daß die in diesem Buch besprochenen Pflanzen neben ihrem Wert, den sie durch ihre Früchte als Nahrungsmittelspender besitzen, eben durch dieses Obst auch eine erhebliche gesundheitliche Bedeutung haben, werden dem Leser die bei den einzelnen Pflanzen angegebenen Ausführungen zeigen. Es könnte nur noch betont werden, daß gerade in den Wildfrüchten manche Wertstoffe, z. B. das Vitamin C, wesentlich mehr enthalten sind als im Obst der kultivierten Pflanzen. Da diese Früchte und die damit verbundenen diätetischen und Heilwerte zusätzlich gewonnen werden — die Pflanzen nehmen ja keinen Platz ein, der besser mit wichtigen Kulturpflanzen bebaut würde —, müssen sie doppelt geschätzt werden.

Außer den Früchten bieten uns aber auch andere Teile fast jede der besprochenen Pflanzen noch Heilwerte in ungeahnter Fülle. Vor allen Dingen sind in diesem Zusammenhang Blätter und Blüten, jedoch auch Wurzeln, Rinde und Stengelteile zu nennen.

Der Vollständigkeit wegen sei hier noch abschließend darauf hingewiesen, daß man von gärtnerischer, teilweise auch landwirtschaftlicher Seite aus nicht nur Gehölze für die Windschutzpflanzungen heranzieht. Wenn die Hecken noch nicht die nötige Wuchshöhe erreicht haben, um ihrer Aufgabe gerecht zu werden, oder dort, wo aus bestimmten Gründen eine Dauereinrichtung nicht geschaffen werden kann, ist die Einschaltung bestimmter rasch wachsender und eine größere Höhe erreichender Pflanzen, die selbst eine gewisse Widerstandsfähigkeit gegen Wind und Witterungsunbilden besitzen, nötig. Die dadurch entstehende Arbeitsvergrößerung bei der Bestellung, Pflege und Ernte macht sich reichlich bezahlt.

Aufbau der Hecke

So werden am Niederrhein häufig Dicke Bohnen (Pferde-, Sau-, Puffbohnen), Straucherbsen oder Zwiebeln zwischen Freilandgurken kultiviert. Im Memelland baut man häufig die rote Kartoffelzwiebel, eine Lokalsorte, in 2–3 Reihen als Windschutz an. In der Poebene benutzt man vielfach Mais und Hanf als Zwischenpflanzung. Beide liefern zwar nur einen Spätschutz, sind aber trotzdem von großem Nutzen. Man läßt das Stroh anschließend bis zum Frühjahr stehen, ebenso wie es an anderen Stellen mit Gras, Sonnenblumen oder Winterroggenstroh geschieht. Dadurch wird ein sehr guter Windschutz erreicht. Auch im Kubangebiet legt man alle 30—40 m 2—3 Reihen Mais als Schutz zwischen Sommerweizen an. Zum gleichen Zweck stehen in anderen Gegenden wieder Sonnenblumen, Topinambur, Tomaten und Tabak. Auch Roggenstreifen sind manchmal geeignet.

Bereits Kleegrasschläge mit Wund- und Hornklee schützen Sandboden vor dem Verwehen. Amerika bedient sich in windgefährdeten Lagen des Streifenanbaues, d. h. es werden jeweils abwechselnd immer ein schmaler Streifen einer frühreifenden Pflanze mit einer anders reifenden nebeneinander gesät, um den scharfen Winden keine zu großen, zusammenhängenden, freien Angriffsflächen zu bieten. Letzten Endes kann jede geschaffene Rauhigkeit der Bodenoberfläche (Stehenlassen der Stoppeln u. ä.) einen Windschutz bieten.

In den Wesermarschen bringt man vielfach auch tote Wände als Windschutzanlagen in den Gärtnereien an. Man kann sie jederzeit wieder entfernen, z. B. Glaswände, Strohmatten, sog. „Flecke" aus Schilf usw.

2. Der Unterschied fruchttragender zu anderen Hecken

Zwischen fruchttragenden Hecken und anderen Grenz-Heckenformen besteht ein Unterschied, der vor allen Dingen in der Art des Schnittes zu finden ist. Eine gewöhnliche Hecke kann beliebig oft und in beliebiger Form geschnitten werden, da es hierbei nur um die Hecke als solche geht.

Eine fruchttragende Hecke hat aber neben der Aufgabe, die ihr als Hecke allgemein zukommt, noch Früchte hervorzubringen. Zeit und Ausführung des Schnittes dürfen weder die vorhandenen Blütenknospen noch den jeweiligen Fruchtbehang nennenswert schädigen. Man kann also eine fruchttragende Hecke nicht in der strengen Form schneiden, wie das bei der gewöhnlichen Hecke ohne Schaden möglich ist, sondern wird sich auf den notwendigsten Rückschnitt und auf das Auslichten zu dicht stehender Zweige beschränken.

Daneben ist noch zu bemerken, daß eine fruchttragende Hecke nie doppel-, sondern nur einreihig gepflanzt werden sollte. Weil den Pflanzen, damit sie Früchte tragen können, eine ihrer späteren Größe entsprechende Entwicklungsmöglichkeit gegeben werden muß, wird die Entfernung in der Reihe auch größer genommen als bei der streng geschnittenen Hecke.

Aufbau der Hecke

Auch die Düngung bei den Heckenformen ist nicht die gleiche. Die streng geschnittene Hecke, bei der nur Holzwachstum erzeugt werden soll, verlangt überwiegend Stickstoff, die fruchttragenden Hecken dagegen Volldüngung mit Überschüssen an Phosphor und Kali. Denn hier handelt es sich neben dem erwünschten Wachstum um die Ausreifung des Fruchtholzes und die Bildung von Blüten und Früchten.

Durch die vorstehenden Unterschiede ergibt sich zwangsläufig, daß fruchttragende Hecken im allgemeinen unten nicht so dicht werden wie die streng geschnittenen. Diesem Mangel kann, wenn es sich als notwendig erweist, durch Anbringen eines engmaschigen Drahtgewebes, das später von der Hecke selbst gehalten wird, begegnet werden.

Wenn besonderer Wert auf das dichte Wachstum in Bodennähe gelegt wird, dann kann man Brombeere, Haselnuß, Heckenrose, Himbeere, Sanddorn, Schlehdorn und Weißdorn verwenden. Sie bestocken sich als Sträucher gut. Durch scharfen Rückschnitt in der Jugend, eventuell auch durch das Verflechten der einjährigen Triebe, wird man die Hecke in diesem Fall so dicht bekommen, daß sie auch kleineren Tieren das Durchschlüpfen verwehrt. Es muß dann natürlich in der Reihe entsprechend eng gepflanzt werden. Mit zwei Setzlingen auf den Meter kommt man nicht aus. Andererseits sei vor Übertreibung gewarnt. Bei etwa 5—6 Pflanzen auf 1 m ist das Höhenwachstum schlechter, und die Pflegemaßnahmen, besonders was die Düngung und Bewässerung in trockenen Jahren anbelangt, sind entsprechend aufwendiger.

3. Die Verwendung fruchttragender Gehölze
Raumgestaltung

Entsprechend ihrer Größe und Wuchsform wird man die im Rahmen dieser Schrift besprochenen Gehölzpflanzen sehr verschiedenartig verwenden. Mit den niedriger wachsenden, sich buschartig entwickelnden lassen sich gut kleinere Räume bilden. Es sei z. B. an die Umgrenzung eines Kinderspielplatzes durch die Mahonie, an die Umpflanzung des Komposthaufens durch die Felsenbirne, die Einfriedigung eines Hühnerauslaufes mit der Brombeere (am Maschendraht) gedacht.

Den Gemüsegarten kann man von anderen Gartenteilen u. a. durch Stachel- oder Himbeeren trennen.

Ein Buschobstquartier läßt sich z. B. durch Haselnüsse, Weiden und Felder durch freie Hecken und Knicks abgrenzen.

Mit Hilfe von Einzelbäumen und kleinen Gehölzgruppen kann eine größere Fläche aufgeteilt, können bestimmte Punkte betont werden, die dann zur Winterzeit gute Richtungsweiser abgeben. Solche Einzelbäume oder Gehölzgruppen tragen außerdem viel zur Verschönerung des Landschaftsbildes bei.

Auswahl der Gehölze

Fruchtverwertung

Hier ist die Auswahl so getroffen, daß die weiche und empfindliche Früchte tragenden Pflanzen in die Nähe des Hauses bzw. an geschützte Stellen gesetzt werden, ebenso wie die Gehölze, deren Früchte „vom Baume weg" genossen werden können.

Erst in höherem Alter fruchttragende Gehölze und solche, deren Früchte nicht so dem Diebstahl ausgesetzt sind (z. B. weil sie ein unansehnliches Aussehen haben oder unverarbeitet nicht zu genießen sind bzw. erst nach längerem Liegen eßbar werden), die weiterhin auch einen längeren Transportweg vertragen und nicht an einem bestimmten Tage geerntet werden müssen, pflanzt man dorthin, wo sie nicht zu jeder Zeit beaufsichtigt oder geerntet zu werden brauchen.

Schutz gegen unbefugtes Eindringen

Es gibt eine Reihe brauchbarer Gehölze, die durch ihren dornig-sparrigen Wuchs den umhegten Raum gut schützen können. Man muß nur dazu beitragen, daß ihre Pflanzung mit der notwendigen Sorgfalt ausgeführt wird und Lücken möglichst vermieden werden. Die wichtigsten dieser Sträucher sind: Berberitze, Büffelbeere, Feuerdorn, Japanische Quitte, Rosen, Stachelbeeren, Sanddorn, Schlehe und verschiedene Weißdornarten.

Farbenwirkung im Herbst

Auf die zum Teil in verschwenderischer Fülle erscheinenden und wunderschön aussehenden Blüten zu verweisen, ist bei fruchttragenden Pflanzen wohl unnötig. Aber daß einige der Gehölze auch eine recht schöne Herbstfärbung zeigen und dadurch erfreuen können, das sollte bei ihrer Pflanzung soweit wie möglich mit berücksichtigt werden. Hier sind unter anderen zu nennen: Berberitze, Brombeere, Eberesche, Elsbeere, Felsenbirne, Feuerdorn, Holzbirne, verschiedene Kirschen, Kornelkirsche, Weiße Maulbeere, einige Rosen, Weißdorn und Zwergmispel.

4. Die Abhängigkeit der Pflanzenauswahl von Boden und Klima

Bei der Auswahl der für Anlagen am besten geeigneten Pflanzen muß ferner Rücksicht auf den Boden und das jeweilige örtliche Klima genommen werden. Wenn auch Gehölze bekannt sind, deren Streubreite verhältnismäßig weit liegt und die ohne größeren Nachteil an die verschiedensten Standorte gesetzt werden können, so gibt es doch auch andere, deren Ansprüche an Boden und Klima berücksichtigt werden müssen. Da man die hier besprochenen Pflanzen sich bei möglichst wenig Arbeit und Pflege entwickeln sehen möchte, ist bei ihrer Auswahl besonderer Wert darauf zu legen, daß nicht unnötige Erschwernisse von dieser Seite her in die Pflege hineingetragen werden.

Auswahl der Gehölze

Während die meisten der besprochenen Pflanzen einen mehr oder weniger normalen, nicht zu trockenen Standort zu ihrem Gedeihen verlangen, sind die folgenden auch noch mit ziemlich sandigem Boden zufrieden. Es handelt sich um Berberitze, Brombeere, Büffelbeere, Feuerdorn, Felsenbirne, Holzapfel und -birne, Kornelkirsche, Rosen, Schlehe, Sauerkirsche, Sanddorn, Traubenholunder, spätblühende Traubenkirsche, Vogelkirsche, Wacholder, Weichselkirsche, Weißdorn und Zwergmispel.

Schließlich sei daran gedacht, auch Pflanzungen im Halbschatten von Gebäuden oder im lichten Waldrand vorzunehmen, um auch hier den Winden ein „Halt" zu gebieten. Gerade der Wald ist dann am stärksten gefährdet, wenn man ihm seinen Mantel genommen hat, also den Teil, der ihn gegen das Verwehen des Laubes, das Bilden von Windpfeifen und die Entstehung von Windbrüchen usw. schützen kann. Hierzu steht wiederum eine stattliche Reihe von Gehölzen zur Verfügung: Brombeere, Eberesche, Elsbeere, Felsenbirne, Himbeere, Haselnuß, Schwarzer Holunder, Johannisbeere, Kornelkirsche, Mahonie, Schattenmorelle, Stachelbeere, Weichselkirsche, Weißdorn und Zwergmispel in geeigneten Arten und Sorten.

5. Die Auswahl der Hecken und ihre Anpflanzungsform

Die Hecken- und Anpflanzungsform richtet sich danach, wohin gepflanzt werden soll und welche Gehölze man wählen will.

Je kleiner der Raum ist, der zur Verfügung steht, um so strenger muß der Schnitt ausfallen. Man würde also, wenn nun wenig Platz für eine Hecke vorhanden ist, mehr zu der nicht aus Obstgehölzen bestehenden, regelmäßig und streng geschnittenen Heckenform kommen müssen, wenn ein wichtiger Punkt außer acht gelassen würde, nämlich die Pflanzenwahl.

Unter fruchttragenden Heckenpflanzen gibt es nämlich etliche, die von Natur aus klein bleiben und eine aufrechte, schmale Wuchsform aufweisen bzw. schmal gezogen werden können und so auch für kleinere Flächen geeignet sind.

Je größer die Pflanze und je weitläufiger der zur Verfügung stehende Raum ist, um so mehr wird man vom strengen Holzschnitt abkommen und die Pflanze mehr sich selbst überlassen können. Es wird nur dann verbessernd eingegriffen, wenn übermäßiges Wachstum oder einseitige Ausbildung den Charakter der Hecke verwischen und die Harmonie in der Entwicklung beeinträchtigen wollen. Hier kann man also schon wesentlich mehr auf die Fruchtbildungsmöglichkeiten der Pflanze eingehen, auch wenn dadurch das Breitenwachstum der Hecke begünstigt wird.

Wo es sich um die f r e i w a c h s e n d e H e c k e , die als H a g gedacht ist, handelt, wird man einmal der Pflanzenarten wegen, die für diesen Zweck in Frage kommen, und zum anderen, weil es hier mehr um die Umpflanzung eines

Heckenformen

Raumes denn um eine wirkliche Hecke geht, noch weniger mit dem Schnitt zu tun haben. Entfernt wird nur, was im Wege ist, scheuert, zu sehr in die Höhe und Breite geht, andere Pflanzen unterdrückt oder sonst irgendwie in den Rahmen einer solchen Anlage nicht hineinpaßt. Hinzu kommt noch das gelegentliche Verjüngen der Gehölze.

Die W a l l h e c k e stellt einen besonderen Typ der Hecken und heckenartigen Pflanzungen dar, schon deswegen, weil hier die Gehölze auf einen eigens für sie errichteten Wall gepflanzt werden müssen. Da das Material für diesen Bau rechts und links von ihm dem Boden entnommen wird, entstehen zwei Gräben, die das sich seitwärts entwickelnde Wurzelwachstum etwas zurückhalten, so daß dadurch das Land entlastet wird, besonders, wenn die Gräben reichlich mit Regenwasser versorgt werden. Für das Anwachsen der Setzlinge ist die Wallanlage natürlich anfangs nicht besonders vorteilhaft. Es muß deswegen bei der Pflanzenauswahl auf diesen Umstand Rücksicht genommen werden, ebenso darauf, daß auf dem Wall die Luftbewegung schon wesentlich stärker ist, als wenn das Pflanzen in einer flachen Mulde zur Ausführung käme.

Die M u l d e n p f l a n z u n g kann dort, wo es sich um trockenen Boden handelt, recht gut sein, denn die Gehölze stehen hier von Anfang an etwas feuchter. Sollte jedoch schon mit Windverwehungen gerechnet werden müssen, dann ist bei der Auswahl der Pflanzen zu bedenken, daß nicht alle gegen Bodenerhöhungen am Wurzelhals unempfindilch sind. Am besten vertragen solch künstliches Tieferpflanzen Gehölze, die durch Steckholz vermehrt werden können.

Zum Schluß sei noch der R a n k e n z a u n genannt. Hier besteht die Möglichkeit, den Zaun aus totem Material mit der belebenden Wirkung der sich an ihm entwickelnden Brombeere zu vereinen. Da ist es sehr angenehm, daß man diese Anlage bei entsprechender Pflege recht schmal halten kann.

Dieser Rankenzaun wird überall dort am Platz sein, wo es auf dichten Schutz gegen Kleintiere (z. B. Hasen und Kaninchen) ankommt, wo gleichzeitig das Übersteigen des Zaunes verhindert und die Notwendigkeit des Einhegens mit einer entsprechenden Nutzung durch Früchte verbunden werden soll.

6. Die Auswahl der Gehölze nach Höhe und Breite
Haus- und Kleingarten

Für Haus- und Kleingarten werden in der Hauptsache die Pflanzen gewählt, deren Wuchshöhe der Größe der Fläche entspricht, die verhältnismäßig früh einen Nutzen abwerfen oder deren Empfindlichkeit äußeren Einflüssen gegenüber das Pflanzen ohne wenigstens einen geringen Schutz nicht zweckmäßig erscheinen läßt.

Heckenformen

Dabei wird man das Augenmerk gleichzeitig auf Gehölze richten, deren Früchte etwas empfindlich sind und die durch ihre besondere Güte einen größeren Schutz bzw. besseren Platz verdienen. Diesen Pflanzen läßt man deswegen auch gern intensivere Pflege angedeihen.

Die Brombeere bildet am Zaun eine gut schützende stachlige Hecke. Nicht so bewehrt ist die Himbeere. Aber sie wächst rasch und dicht und bietet gerade hinter einem Drahtzaun einen guten Schutz gegen Wind und Sicht. Nachteile sind Ausläuferbildung und das zum Herbst hin in den unteren Teilen auftretende Verkahlen. Durch die Johannisbeere können einzelne Gartenteile voneinander getrennt werden. Auch die Stachelbeere ist für fruchtende Trennwände geeignet. Die Berberitze darf im Garten verhältnismäßig gefahrlos angepflanzt werden, da sie hier als Wirtspflanze des Getreiderostes kaum Schaden verursachen kann. Wenn saurer Boden zur Verfügung steht, gedeiht auch die Kulturheidelbeere. Die Wildrosen, *Rosa rugosa* und *R. rubiginosa,* bilden dichte Hecken, die schön aussehen. Leider beanspruchen sie aber etwas viel Platz. Von *Rosa canina,* der Heckenrose, ist im Hausgarten dagegen abzuraten. Schöne, immergrüne, niedrige Trennhecken, besonders in halbschattiger Lage, bildet die Mahonie. Rote Früchte trägt die Japanische Weinbeere. Auch Feuerdorn und Zwergmispeln können hier untergebracht werden. Sie erfreuen durch Güte der Früchte und schöne Herbstfärbung.

Vorgenannte Pflanzen werden durchschnittlich 1—2 m hoch. Etwa 2—3 m wird die J a p a n i s c h e Q u i t t e , die man durch den Schnitt und eine entsprechende Sortenwahl auch niedrig (50 cm) halten kann. Durch ihre Blüten ziert sie den Garten im Frühjahr. Im Herbst liefert sie die wertvollen Früchte.

Die F e l s e n b i r n e verhält sich ähnlich wie die Japanische Quitte. Leider werden ihre Blätter, wenn der Strauch ungünstig steht, im Spätherbst von Pilzen befallen.

Zwar nicht als Hecke, aber doch in einzelnen Exemplaren sollten in Haus- und Kleingärten auch die etwa 3—5 m hoch werdenden Sauerkirsche, Zwetsche, Quitte, Haselnuß und Holunder vorkommen.

Größere Gärten, Parks, Obstanlagen

Hier finden neben den oben genannten Pflanzen größere Gehölze Platz. Man bevorzugt diejenigen Sträucher oder Bäume, die durch Form, Blüte oder Laubfarbe zierend wirken können (in den Parks), das Aufteilen und Umschließen einer Fläche gut ermöglichen und genügenden Windschutz bieten sowie in dem eingeschlossenen Raum ein entsprechendes Kleinklima schaffen (wichtig für Gärten und Obstanlagen).

Je nach Lage können also von n i e d r i g e n P f l a n z e n Berberitze, gewöhnliche und wohlriechende (Blüten) Himbeere, Johannisbeere, Stachelbeere, Heidelbeere, Zwergmispel, Feuerdorn, Mahonie und Brombeere Verwendung finden.

Heckengehölze für besonderen Zweck

Von den m i t t e l h o h e n sind zu nennen: Japanische Quitte, Felsenbirne, Apfelbeere, *Rosa rugosa, Rosa rubiginosa* und hier auch *Rosa canina,* die gleichzeitig gegen Eindringlinge einen guten Schutz bietet.

Weiterhin lassen sich Hecken aus der H a s e l n u ß mit Erfolg anlegen. Auch die Q u i t t e gibt schöne, dichte Außenhecken.

Die S a u e r k i r s c h e dient zum Trennen einzelner Flächen, ebenso wie die M i s p e l , die aber auch als Außenhecke genommen werden kann, da die Früchte erst nach den ersten Frösten genießbar werden und so dem Diebstahl kaum ausgesetzt sind.

Der W a c h o l d e r wird nur dort am Platze sein, wo der Boden ihm zusagt. Während die oben genannten Gehölze bis zu 5 m Höhe erreichen, wird die K o r n e l k i r s c h e bis zu 6 m und die Ö l w e i d e bis zu 8 m hoch. Höhere Hecken lassen sich durch W e i ß d o r n und T r a u b e n k i r s c h e heranziehen.

Die E i c h e ist nur unter ihr zusagenden Verhältnissen zu empfehlen.

Von der W e i ß f r ü c h t i g e n M a u l b e e r e lassen sich ebenfalls brauchbare Hecken heranziehen, wenn man sie nicht, wie es besonders mit der S c h w a r z f r ü c h t i g e n M a u l b e e r e anzuraten ist, als Einzelbaum setzen will.

Während vorgenannte Pflanzen zur Unterteilung und Umgrenzung von Obstanlagen ebenfalls Verwendung finden können, sollen in den Obsthöfen K i r - s c h e und L o k a l o b s t s o r t e n gepflanzt werden.

Holzapfel und Holzbirne, Mehl- und Vogelbeerbaum, Speierling, Edel- und Roßkastanie sind dagegen in größeren Gärten und Parks am Platze.

Bedingt kann als Heckenpflanze, wo die Bodenverhältnisse es zulassen, S a n d - d o r n benutzt werden, ebenso die ihm verwandte Büffelbeere.

Die S c h l e h e wird überall wachsen.

W a l n u ß und E i c h e brauchen einen entsprechend großen Raum zu ihrer Entwicklung.

Feldbegrenzung an Rainen, Wegen und Straßen

Es sind die Pflanzen zu wählen, deren Wuchs und Widerstandsfähigkeit eine weniger gute Behandlung vertragen, die ohne besondere Pflege auskommen und deren Wachstum keine zu starke Beeinträchtigung der neben ihnen liegenden Flächen herbeiführt.

Von n i e d r i g b l e i b e n d e n G e h ö l z e n wären Haselnuß, Kornelkirsche und Felsenbirne, auch Rosen zu nennen,

von h ö h e r w a c h s e n d e n : Haferpflaume, Holzapfel, Holzbirne, Kirsche, Maulbeere, Mehlbeere, Mandel (Weinklima), Traubenkirsche, Vogelbeere und Weißdorn.

Heckengehölze für besonderen Zweck

Weiden und Hutungen

Hier ist bei der Auswahl der Pflanzen zu berücksichtigen, daß das Vieh Schutz gegen übermäßige Sonnenbestrahlung, gegen kalte Winde und unfreundliches Wetter finden soll.

Im allgemeinen liegen Weiden auf feuchterem Boden, während Hutungen auch an trockneren Stellen zu finden sein werden. Auf diese verschiedene Bodenbeschaffenheit ist bei der Auswahl der Gehölze zu achten. Eine Pflege der Anlage kommt kaum in Frage. Wenn nicht besonderer Schutz durch einen Zaun vorhanden ist, muß damit gerechnet werden, daß das Vieh die unteren Austriebe, die es erreichen kann, be- bzw. abfrißt.

Es empfiehlt sich, von den niedrigen Pflanzen z. B. Schlehe und Holunder zu pflanzen, wenn sie mit einem gewissen Schutz gegen Verbiß versehen sind. Der Weißdorn liefert sehr brauchbare Außenhecken, muß aber in der Jugend auch gegen das Abfressen geschützt werden.

Weiterhin eignen sich Holzapfel auf feuchterem, Holzbirne auf trocknerem Gelände, dazu Vogelbeere, Speierling, Edelkastanie und Eiche, die in der Hauptsache baumartige Schattenspender darstellen werden.

7. Gehölz-, Baum- und Mischpflanzungen

Zu Gehölz-, Baum- und Mischpflanzungen können je nach der örtlichen und klimatischen Lage der Pflanzstellen fast alle besprochenen fruchttragenden Gehölze verwendet werden.

Um nur einzelne Möglichkeiten zu nennen, sei der Sanddorn erwähnt, der zur Befestigung von Ödland, sandigen Flußufern und nicht zu trockenen Kiesgruben angepflanzt wird.

Zur Hangbefestigung sind z. B. Schlehe, Himbeere und vor allem Brombeere geeignet.

Für Unterpflanzungen, Füll- und Ausgleichspflanzungen stehen unter anderem Himbeere, auch die wohlriechende, Johannisbeere, Brombeere, Holunder, Haselnuß und Traubenkirsche zur Verfügung.

Am Rande von Gehölzen werden u. a. Heckenrose, Schlehe, Weißdorn, Felsenbirne, Mispel, Kornelkirsche und Maulbeere gut gedeihen. Alle baumartigen Gehölze lassen sich zu einheitlichen Gruppenpflanzungen verwenden. Zu nennen sind: Holzapfel, Holzbirne, Roßkastanie, Edelkastanie, Walnuß, Weiße und Schwarze Maulbeere; für wärmere Lagen (Weinklima) die Mandel, auf kalkhaltigerem, trocknerem Gelände die Kirsche. Außerdem kommen Mehlbeere, Speierling, Eiche, Buche und Eberesche in Frage.

II. Fruchttragende Hecken- und Gehölzpflanzen

1. Niedrige Hecken

Heckenrose, *Rosa canina* L. (Fam. *Rosaceae*).

Von den für die Heckenbildung geeigneten Rosen ist eine ganze Reihe verschiedener Arten und Formen bekannt. Am geläufigsten ist die Heckenrose, die wildwachsend an den verschiedensten Stellen einzeln oder in Gruppen vorkommt. Sie wird zumeist in besonderen Formen als Unterlage für die Veredlung unserer gefüllten Gartenrose gebraucht.

Man nennt diese Wildrose wohl auch Hundsrose nach der botanischen Bezeichnung *canina,* das „hundsgemein" heißt und „in den Hundstagen blühend" bedeutet. Weiterhin sagt man Hagebutten-, Hambutten-, Hainbuttenrose.

Die Heckenrose bildet eine dichte, beinahe undurchdringliche Hecke, die in 1—1,50 m Breite und 1—2 m Höhe gezogen werden kann. Sie ist für das obere Bergland weniger zu empfehlen. Ihr natürlicher Standort ist eine etwas t r o c k e n e L a g e a m R a n d e v o n G e b ü s c h e n, Wäldern, Hohlwegen, an Rainen usw. Sie liebt s o n n i g e L a g e und m i t t e l s c h w e r e n B o d e n. Dankbar ist sie für nährstoffreichen und gut gedüngten, nicht sauren Boden.

Ihre Blütezeit fällt in die Monate Juni/Juli. Die mittelgroßen Blüten sind endständig. Sie erscheinen an kurzen, jungen Trieben.

Bei starkem Schnitt der Pflanze wird der sonst reiche Blütenflor natürlich etwas zu wünschen übriglassen. Ihr aufrechter Wuchs verlangt auch keinen strengen Heckenschnitt. Soll die Hecke gut aussehen, dann ist für regelmäßiges Herausschneiden alter, abgängiger Triebe zu sorgen, da der ganze Wuchs sonst unnötig breit und unschön wird. Dichte, schön geformte Hecken erreicht man auch durch das während der ganzen Wachstumszeit fortgesetzte Entspitzen der Triebe.

Bei starkem Frost können teilweise die Zweige erfrieren. Aus dem Stock schlägt die Heckenrose aber ohne Schwierigkeiten wieder kräftig aus.

Ihre als Hagebutten bekannten Sammelnußfrüchte reifen im Oktober. Sie sind auffallend rot gefärbt. Überreif und von Frost getroffen, werden sie teigig.

Der volkswirtschaftliche Wert der Hagebutte ist erst in letzter Zeit mehr erkannt worden. Schon früher wurde die Hagebutte aber zu Tee verarbeitet, indem man sie aufschnitt, Nüßchen und Haare mit stumpfem Gegenstand entfernte, nachdem man vorher Stiel und Blütenreste abgenommen hatte, und sie dann trocknete. Die Nüßchen, auch Kerne genannt, wurden und werden noch von den anhaftenden rauhen, borstenartigen Haaren durch Waschen und Absieben befreit und können ebenfalls als Tee genossen werden. Man kocht $1/2$ Stunde und erhält ein wohlschmeckendes, rotgefärbtes Getränk.

Niedrige Hecken

Der Tee aus den Kernen (Kernlestee) ist nieren- und blasenreinigend. Man setzt die Hagebutten kalt an, läßt 10 Minuten kochen und ¼ Stunde ziehen. Die Kerne werden am besten zerstoßen, über Nacht kalt angesetzt, dann ½ Stunde gekocht.

Heute legt man neben dem medizinischen und Genußwert noch mehr Gewicht auf ihre Bedeutung als guter Vitamin-C-Lieferant. Der Gehalt an diesem wichtigen Vitamin geht allerdings bei unsachgemäßer Verarbeitung verloren und ist in überreifen Früchten kaum mehr vorhanden.

Die Verarbeitung kann einmal zu Marmelade erfolgen, weiterhin zu Suppen, Tunken, Kompott und zu Konserven. Jede Berührung der zu verarbeitenden Fruchtmassen mit Metall (außer Aluminium) muß dabei vermieden werden. Kurze Verarbeitungszeit unter Vermeidung zu langer Berührung mit dem Sauerstoff der Luft verhindert die Oxydation und damit die Zerstörung des Vitamins C.

Die Hagebutte läßt sich auch gut zu Süßmost verarbeiten. Sie wird zu diesem Zweck zerkleinert, gemahlen, mit Wasser angesetzt, 24 Stunden stehengelassen, dann abgepreßt, mit der entsprechenden Menge Zucker versehen, wenn nötig, durch Wasser noch etwas verdünnt und dann in der üblichen Weise durch Erhitzen auf 75° C haltbar gemacht. Zu wenig mit Wasser versetzt oder zu stark gezuckert, kann der Süßmost etwas widerlich schmecken.

Abb. 3 Heckenrose

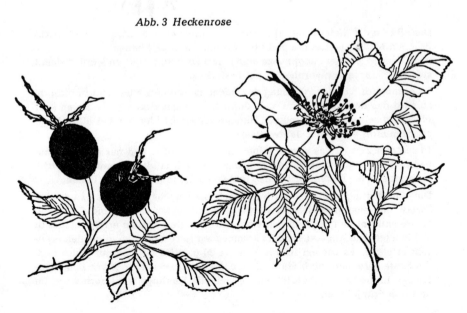

Niedrige Hecken

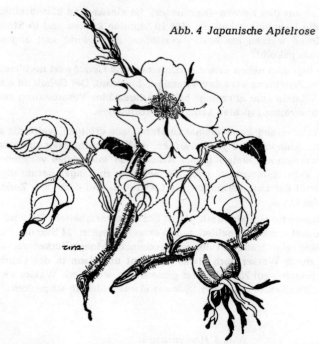

Abb. 4 Japanische Apfelrose

Den B i e n e n liefern die Heckenrosen Pollen und Nektar in viel reichlicherem Maße, als dies die gefüllten Gartenrosen tun können.

Nach dem Setzen der Jungpflanze muß scharf zurückgeschnitten werden, damit sich die Pflanzen von vornherein gut bestocken.

Ist es möglich, vor der Pflanzung den Boden mit mildem Humus anzureichern, so wird das dem Anwachsen und der weiteren Entwicklung der Rosen sehr förderlich sein. Die Düngung mit Handelsdünger ist hier wie bei allen Jungpflanzen nicht vor dem 2. Jahre ratsam.

In späterer Zeit ist das regelmäßige Unkrautfreihalten und nur flache Bodenbearbeitung angebracht. Wird der Boden stets mit mildem Humus abgedeckt, erübrigt sich die Bodenbearbeitung und Düngung in den meisten Fällen.

Die Vermehrung geschieht durch Aussaat. Die Hagebutten müssen zu diesem Zweck gut ausreifen. Darauf werden die fleischigen Hüllen und die feinen Haare entfernt und die Nüßchen eingeschichtet. Das Keimen erfolgt erst nach 18 Monaten. Die Aussaat kann im kommenden Herbst oder im folgenden Frühjahr erfolgen. Es wiegen 1000 Korn etwa 20 g. Wird das Saatgut gleich nach der Ernte gereinigt und hierauf, ohne daß es austrocknet, noch vor Ende September in die Erde gebracht, dann gehen die Sämlinge wohl auch schon im nächsten Frühjahr auf.

Niedrige Hecken

Das sehr dichte, feste Holz von lichtgelber Farbe verwenden Kunsttischler (Einlegearbeiten) und Drechsler.

Japanische Apfelrose, *Rosa rugosa* Thunb *(syn. Rosa kamtschatica Vent., R. regeliana Lind. et André)*

D i e J a p a n i s c h e A p f e l r o s e, bildet einen Strauch von 1—1,50 m Höhe, der in guter Lage auch größer werden kann. Die Äste sind unbehaart, aber mit Stacheln und Stachelborsten dicht besetzt. Das ältere Holz bekommt weißliche Rinde. Die Blätter sind die größten von allen Rosen, oben dunkel, unten lebhaft grün gefärbt und fein behaart. Die zu zwei und drei an den jungen Trieben stehenden Blüten sitzen auf kurzen, borstigen Stielen. Die etwa 9 cm große Blüte, z. T. dunkelpurpurn gefärbt, bildet eine Zierde der Pflanze. Der Strauch blüht vom Mai bis in den Herbst. Im Gegensatz zur hohen, schmalen Gestalt der Heckenrosen-Hagebutte ist die Sammelnußfrucht der Apfelrose plattrund, größer, über 2 cm im Durchmesser, und oben mit langen Kelchblättern versehen.

Die Hagebutten dieser Rose sind für ihre Verwertung besser und leichter zu verarbeiten als die der gewöhnlichen Heckenrose. Nur kann es in ungünstigen Jahren vorkommen, daß sie nicht voll ausreifen.

Die Ansprüche an Klima und Boden sind die der Heckenrose. Auch sonst ist die Behandlung die gleiche. Es ist auf die teilweise starke Wurzelbildung zu achten.

Das Wort *rugosa* stammt von lateinischen *ruga* = Runzel, runzelig und ist wegen der Blattform gewählt worden. Man findet deswegen auch häufig den Namen K a r t o f f e l r o s e , denn die adrig-runzeligen Blätter sehen denen der Kartoffel ähnlich. Ihrer großen Hagebutten wegen spricht man auch von der Hagebuttenrose.

Schottische Zaunrose, *Rosa rubiginosa* L. *(syn. R. eglanteria L.).*

Ebenso hat die S c h o t t i s c h e   Z a u n r o s e wesentlich größere Früchte als die Heckenrose. Sie wird 2 bis 3 m hoch und bildet dichte Hecken. Man nennt sie wegen ihrer weinartig duftenden, riesigen Blätter auch Weinrose.

Apfelrose, *Rosa villosa* L. *(syn. R. pomifera J. Herrm.)*

Weiterhin ist noch die A p f e l r o s e zu nennen. Auch sie trägt beachtliche Hagebutten, die 3½ cm lang, scharlach- oder weinrot und stark borstig werden.

Was die Widerstandsfähigkeit gegen Wind anbelangt, so ist die Weinrose die empfindlichere; die harten Blätter der Japanischen Apfelrose dagegen trotzen fast jedem Sturm.

Niedrige Hecken

Felsenbirne, *Amelanchier ovalis Medik* (syn. *A. rotundifolia* Dum.-Cours., *A. vulgaris* Moench) (Fam. *Rosaceae*).
Der Strauch kommt als Felsenpflanze auf trockenen, nährstoffreichen Hängen in brennendster Sonne, aber auch im lichten Halbschatten vor.
Die Herkunft des botanischen Namens ist unsicher. Er stammt vielleicht aus dem keltischen oder provenzalischen „Amelanche", unter welchem Namen die honigartig schmeckenden Früchte gegessen werden.
Die aufstrebenden Sträucher werden 1—2 m hoch, einzelne Sorten noch höher. Die Felsenbirne bildet nur wenige aufrechte Sprosse, die sich erst oben stärker verzweigen. Sie wird unten also nicht dicht.
Im April und Mai erscheinen die weißen, in gipfelständigen doldenartigen Trauben stehenden Blüten, während die zweisamigen, runden, beerenartigen Früchte in den Monaten Juli und August zur Reife kommen.. Sie haben eine schwarzblaue oder rote Farbe (je nach Sorte), sind etwa so groß wie eine Johannisbeere und schmecken verhältnismäßig süß. Leider folgern sie ähnlich wie die Maulbeeren, d. h. die Früchte an den einzelnen Blütenständen reifen nicht gleichzeitig, sondern nacheinander. Deshalb muß mehrmals durchgepflückt werden.
Auf lockerem Boden entwickelt die Felsenbirne oft reichlich Wurzeltriebe, so daß aus einem Strauch ein ganzes Gebüsch werden kann. Die Vermehrung durch Wurzelausläufer und Ableger ist gut möglich, auch die Veredlung auf Weißdorn.
Sorten, die keine Ausläufer bilden, wird man durch die zwei Jahre keimfähig bleibenden Samen vermehren. Man bringt ihn entweder im Sommer gleich nach der Reife in den Boden oder schichtet ihn erst ein und sät dann im Frühjahr aus. 1000 Korn der europäischen Felsenbirne wiegen 80 g, d. h. auf 100 g kommen rund 1300 Samen.

Abb. 5 Felsenbirne

Niedrige Hecken

Die Pflanzen können verhältnismäßig eng gesetzt werden, jedoch nicht unter 50 cm Entfernung. Sie lieben etwas kalkhaltigen Boden. Als Pflanzzeit kommen Herbst und Frühjahr in Frage.

Der Schnitt wird wie bei den anderen Gehölzen ausgeführt. Die Sträucher können bis auf den Stock zurückgeschnitten werden. Sie schlagen willig wieder aus. Damit die Felsenbirne unten nicht zu kahl wird, ist immer einmal ein älterer Zweig stärker einzukürzen, was ja auch gleichzeitig die Ernte erleichtert. Eine über das Übliche hinausgehende Düngung ist der tiefgehenden Wurzeln wegen nicht nötig.

Die aus Nordamerika stammende Kanadische Felsenbirne, *Amelanchier canadensis* Medik., ist eine schöne, reichblühende und auch reichtragende Sorte mit zierlich überhängenden Zweigen. Sie wird etwa 10 m hoch und eignet sich, wie auch die Gemeine Felsenbirne, besonders für trockenere Lagen. Dagegen liebt die Varietät *A. ovalis* var. *obovalis* feuchtere Standorte. Eine etwas höher wachsende Art mit großen Früchten ist die reichtragende Erlenblättrige Felsenbirne, *Amelanchier alnifolia* Nutt., die gleichfalls aus Nordamerika eingeführt wurde.

Für die Gewinnung der Früchte kommt besonders auch die Kahle Felsenbirne, *A. laevis* Wiegand, aus den östlichen USA in Frage. Sie ist gleichzeitig wohl die schönste Art. Weiterhin wären noch zu nennen: *A. canadensis* Medik., die 2$^{1}/_{2}$ m hoch werdende *A. sanguinea* DC, gleichfalls süße Früchte tragend, und die blauschwarze (korinthenähnliche) Früchte liefernde Ährige Felsenbirne, *A. spicata* K. Koch.

Die Früchte der Felsenbirne lassen sich zu Kompott, Mus, Marmelade, Gelee und Süßmost verarbeiten, allein oder in Mischung mit anderen Früchten.

Den Bienen ist die Blüte ein guter Nektar- und Pollenlieferant. Gartenspötter und Schwarzamsel nehmen die Früchte gern als Futter.

Feuerdorn, *Pyracantha coccinea* M. J. Roem (syn. *Cotoneaster pyracantha* Spach.), *Crataegus pyracantha* Borkh. (Fam. *Rosaceae*).

Die Heimat des immergrünen Strauches ist Südosteuropa, Italien, die Türkei, der Orient bis zum Kaukasus. Im deutschen Namen des Gehölzes hat man nur die Übersetzung seines botanischen vor sich, dem *Pyracantha,* das dem griech. pyr, pyros = Feuer- und akantha-Dorn entnommen ist; es bedeutet Feuerdorn. Coccinea aus dem lat. coccum, griech. Kokkos = Kern, Korn, heißt Scharlachbeere.

Die nahe Verwandtschaft des Feuerdorns mit dem Weißdorn einerseits und der Stein- oder Zwergmispel andererseits geht daraus hervor, daß er sowohl den Namen *Crataegus pyracantha* Borkh., als auch *Cotoneaster pyracantha* Spach. als Synonym führt.

Niedrige Hecken

Der echte Feuerdorn wird 1—2, auch wohl 3 m hoch. Seine immergrünen, sparrigen und dornigen jungen Laubsprosse sind gelbfilzig. An ihnen befinden sich die oberseits glänzend dunkelgrünen, unterseits hellgrünen, in der Jugend filzig behaarten, wechselständigen Blätter. Sie sind 2—4 cm lang, ihr Rand ist kerbig gesägt, die Form eirund lanzettlich.

Im Mai/Juni erscheinen am Ende von kurzen, gedrängt stehenden Seitenzweigen die 8 mm breiten, in zusammenhängenden Doldentrauben stehenden zahlreichen Blüten.

Die etwa erbsengroßen, kahlen, scharlachroten, mit 5 Steinen versehenen und von aufrechten Kelchblättern gekrönten Früchte bleiben bis in den Winter hängen.

Der Strauch gedeiht am besten im nicht zu schweren, guten, humosen, durchlässigen Boden. Wie bei den meisten bei uns immergrünen Pflanzen leidet auch der Feuerdorn unter starker Sonneneinwirkung im Frühjahr. Es ist deswegen zu empfehlen, einen etwas gegen Vormittags- und Mittagssonne halbschattigen Stand zu wählen. Die Pflanze erholt sich aber bald wieder von dem Laubfall.

Es gibt noch eine Reihe anderer Vertreter des Gehölzes, von denen die var. *lalandii* Dipp. kräftiger wächst, längere und schlankere Zweige und lebhaft orangerote Früchte trägt. Der Strauch ist aber nicht ganz widerstandsfähig. *P. fortuneana* Maxim., G i b b s F e u e r d o r n, bringt eine noch größere Zahl 7 mm dicker, korallenroter Früchte hervor. Wir treffen ihn in Frankreich häufig als Heckenpflanze an. Neuerdings wird *P. coccinea* 'Kasan' ihrer großen Widerstandsfähigkeit gegen Frost und Fusicladium wegen viel empfohlen.

Der Feuerdorn kann als Heckengehölz auf etwa 50 cm Entfernung zu stehen kommen. Verwendet werden nur jüngere Pflanzen, wenn möglich solche mit Ballen. Durch kräftigen Rückschnitt gleich nach dem Anwachsen ist dafür zu sorgen, daß die Setzlinge anfangs nicht zu sparrig werden.

Eingekürzt wird je nach Notwendigkeit. Der Strauch verträgt selbst starken Rückschnitt noch gut.

Die auch von den Vögeln gern angenommenen Früchte lassen sich, weil sie keinen ausgeprägten Eigengeschmack aufweisen, besonders zu Marmeladenmischungen verwenden. Sie haben auch medizinische Bedeutung, denn man kann sie gegen Durchfall, Ruhr und bei zu kräftigen Monatsblutungen als zusammenziehendes und kräftigendes Mittel gebrauchen.

Die Bienen holen sich Pollen und Nektar aus den reichlich vorhandenen Blüten.

Zur Vermehrung ist die Aussaat heute nicht mehr so beliebt, denn der Samen liegt häufig über. Ferner tragen die Sämlingssträucher schlecht und bringen auch erst spät Früchte. Besser ist es, Stecklinge zu schneiden, die im Herbst ins Vermehrungsbeet gesteckt werden. Von Frühsommertrieben entnommene bewurzeln sich rascher. Man kann sie gleich eintopfen.

Niedrige Hecken

Die schön aussehende Schutzhecke aus Feuerdorn ist wohl weniger als Feldhecke zu empfehlen. Man kann sie aber gut im Kulturgelände anbringen. Sie erfüllt dann verschiedene Zwecke, vor allen Dingen natürlich den des Windschutzes. Weiterhin ist sie Fruchtspender, Bienenweide und Vogelfutterlieferant. Die Fruchtstände lassen sich aber auch noch für den Schnitt sowie die Binderei usw. verwenden.

Zwergmispel, *Cotoneaster integerrimus* Medik. (syn. *C. vulgaris* Lindl.) u. a. (Fam. *Rosaceae*).

Der Name der Z w e r g m i s p e l, die auch S t e i n m i s p e l, Steinquitte oder Quittenmispel genannt wird, stammt vom griech. kotoneon = aster, was Quitte-Schein, also Scheinquitte bedeutet.

Die Zwergmispeln sind astige Sträucher, deren natürliches Vorkommen in Europa in der Hauptsache auf die Südhälfte beschränkt ist. Doch kamen auch Vertreter aus dem Orient, Turkestan und Sibirien nach Mitteleuropa. Es handelt sich sowohl um sommer- als auch um immergrüne Pflanzen. Alle tragen einfache, ganzrandige, mehr- oder weniger ovale Blätter.

Während einige aus gebirgigen Lagen stammende Arten fast auf dem Boden kriechen oder jedenfalls sehr flachstehende Äste tragen und deswegen viel in Steingärten angepflanzt werden, wachsen andere verhältnismäßig steil aufrecht und werden dabei 1—3 m hoch.

Von den drei in Deutschland vorkommenden Arten ist die **G e m e i n e Z w e r g m i s p e l,** *Cotoneaster integerrimus* Medik., am verbreitetsten. Sie wird ½ bis 1½ m hoch, kommt wild in Mittel- und Süddeutschland vor und wächst ausgebreitet verästelt mit rutenförmigen Zweigen. Ihre oberseits kahlen Blätter sind unterseits filzig.

Die Blüten in den kurzgestielten, lockerbehaarten Doldentrauben stehen zu 3—5 beisammen. Sie sind hellrosafarben und erscheinen von April bis Mai.

Die runden, purpurroten Früchte sind botanisch gesehen Steinäpfel mit bleibendem Kelch und 2—5 Steinen. Sie reifen von September bis November.

Neben der Gemeinen gibt es in Deutschland im Osten noch die Schwarzfrüchtige Zwergmispel, *Cotoneaster niger* Fries. (syn. *C. melanocarpus* Lodd.). Sie wird 1—2 m hoch. Ferner ist die mehr im südlichen Raum wachsende Filzige oder Wollige Zwergmispel, *Cotoneaster nebrodensis* K. Koch (syn. *C. tomentosus* Lindl.) mit ziegelroten Früchten zu nennen.

Für die Zwecke der Heckenpflanzungen kommen jedoch mehr eingeführte Arten in Frage, z. B. die Spitzblättrige, Halbschatten liebende *C. acutifolia* Turcz. (syn. *C. pekinensis* Zab.). Sie wird bis 3 m hoch, ihre Früchte sind schwarzpurpurn. Ähnlich ist die aus Westchina stammende *C. franchetii* Bois. Auch sie wächst ganz gern im Halbschatten und bildet bis mittelhohe Hecken. Ihre länglich eiförmigen, lange hängenbleibenden Früchte sind scharlachrot gefärbt.

Niedrige Hecken

Weiter haben wir die vom Altaigebirge stammende, aufrecht wachsende *C. lucidus* Schlechtend., die G l a n z b l ä t t r i g e Z w e r g m i s p e l, deren Laub, wie auch das der vorhergehenden, lange haften bleibt. Sie bringt schwarzpurpurne Früchte hervor, im Gegensatz zur R u n z e l i g e n Z w e r g m i s p e l *C. bullatus* Bois, die viele lebhaft rot gefärbte Früchte ausbildet, bis 7 cm große Blätter treibt und rötliche Blüten, die zu 3—7 beisammen stehen. Das Laub nimmt im Herbst eine schöne Färbung an, so wie das von *C. simonsii* Baker, S i m o n s Z w e r g m i s p e l, aus dem Osthimalaja, die eine Höhe von 3 m erreicht. Sie ist ähnlich wie die *C. franchetii* bei uns mehr oder weniger wintergrün. Ihre Früchte sind scharlachrot.

Alle Zwergmispeln stellen an den Boden nur geringe Ansprüche. Sie lieben ihn kalkhaltig, etwas trocken, aber durchlässig. Ihr Wert liegt besonders in ihrer Anspruchslosigkeit. Daß sie daneben durch Frucht und Herbstfärbung zieren, ist eine angenehme Beigabe.

Da die Pflanzen das Laub teilweise fast das ganze Jahr behalten, sind sie besonders für solche Standorte zu empfehlen, wo man auch während des Winters und schon im zeitigen Frühjahr einen guten Windschutz nötig hat.

Die kleinen, sich aber in großer Zahl entwickelnden und lange Zeit hängenbleibenden Früchte ergeben ein gutes Mark für Marmeladenmischungen, das seiner dicken sämigen Beschaffenheit wegen besonders dünnflüssigem Obstmark beigemischt werden sollte.

Man muß jedoch betonen, daß die Samen das giftige Amygdalin enthalten und nach Verzehr beim Menschen Erbrechen, Durchfall, Leib- und Kopfschmerzen hervorrufen können.

Alle Zwergmispeln werden von B i e n e n stark beflogen, die bei ihnen Pollen und Nektar suchen. Die Früchte bieten einer ganzen Reihe von Vögeln Nahrung.

In der Hauptsache wird man die Zwermispeln durch Aussaat der nach der Reife mit dem Fruchtfleisch in flachen Kisten eingeschichteten Früchte vermehren. Die Kisten kommen in einen kalten Kasten, der mit Brettern, nicht mit Laub, gedeckt wird. Im nächsten Herbst ausgesät, keimen sie zum Frühjahr zu 90—100 %. Ihr 1000-Korn-Gewicht beträgt etwa 12 g. Wenn auch die Sämlingspflanzen viel später als gleichaltrige Stecklinge fruchten, so wird diese Vermehrungsart doch, weil die Pflanzen besser und kräftiger wachsen, der Stecklingsvermehrung vorgezogen. Nur immergrüne oder besondere Arten bzw. Formen kommen für die Stecklingsvermehrung in Frage.

Japanische Quitte, *Chaenomeles speciosa* Nakai (syn. *Cydonia japonica* Loisel.) (Fam. *Rosaceae*).

Ein wunderschön und reich blühender Zierstrauch, der noch viel zuwenig Beachtung findet, ist die J a p a n i s c h e Q u i t t e. Ihre scharlachroten oder rosa gefärbten Blüten erscheinen April oder Mai zugleich mit den Blättern oder kurz davor. Sie sind groß und leuchtend.

Niedrige Hecken

Der botanische Name *Chaenomeles* enthält das griechische chaino = klaffen und melon = Apfel, weil die Frucht apfelartig oben so tief genabelt ist. Ihres Aussehens wegen wird der Strauch auch Scheinquitte genannt.
Die *var. eximia*, eine Form mit hellroten Blüten, ist ihres dichten Wuchses wegen für feste Hecken besonders geeignet, während wiederum die *var. nivalis* mit den großen, reinweißen Blüten und den apfelgroßen Früchten noch besser zur wirtschaftlichen Verwendung angebaut werden kann, wenn man die gewöhnliche *Ch. speciosa* nicht verwenden will.
Der Strauch wächst sparrig mit ausgebreiteten Zweigen. Die dunkelgrünen Blätter sind glatt und widerstandsfähig.
Wie der Name schon sagt, stammt diese Quittenform aus Japan (und China). In Mitteleuropa kommt sie wildwachsend nicht vor.
Sonnige Lage, besserer Boden sagen ihr besonders zu. Mit 2—3 m hat sie ihre größte Höhe erreicht. Die gelbroten Früchte stehen in Büscheln beisammen. Sie werden 3—4 cm groß, sind gelb und dabei rot gesprenkelt.
Man kann den Strauch mit Erfolg als verhältnismäßig niedrige Hecke ziehen, da er jeden Schnitt verträgt. Das Schneiden geschieht am besten nach der Blüte. Da die Blüten mehr im Innern des Strauches stehen, wird trotzdem noch ein guter Fruchtbehang zu erwarten sein.

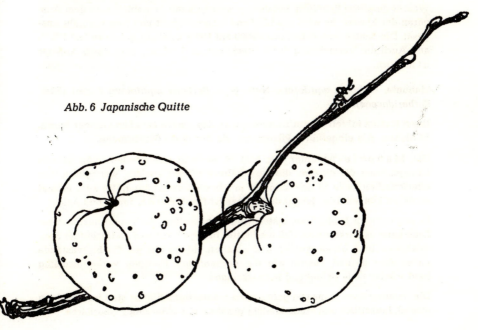

Abb. 6 Japanische Quitte

Niedrige Hecken

Für ganz niedrige Hecken ist an Stelle der *Chaenomeles speciosa Chaenomeles japonica* Lindl. (syn. *Pyrus maulei* Mast., *P. japonica* Thunb., *Cydonia maulei* T. Moore, *C. japonica* Pers.) zu wählen. Da der Strauch nur etwa 1 m hoch wird, können wir mit ihm schon Hecken mit 50 cm Höhe anlegen. Er hat mehr Dornen als die vorgenannte Art.

Zur Heckenpflanzung mit *Chaenomeles japonica* können 3—5 Pflanzen auf den laufenden Meter gesetzt werden, bei *Chaenomeles speciosa* höchstens 2 Pflanzen. Pflege, Düngung und Schnitt sind in dem üblichen Maße wie bei den anderen Heckenpflanzen erforderlich. Die wohlriechenden, im Aussehen der Apfelquitte ähnelnden Früchte lassen sich leicht pflücken. Sie sind im Gegensatz zu denen der gewöhnlichen Quitte unbehaart. Ein gutes Gelee und ein sehr aromatischer Süßmost lassen sich mit entsprechender Wasser- und Zuckerzugabe daraus herstellen. Dieser Süßmost stellt zur Sommerzeit ein sehr erfrischendes Getränk dar. Man kann den ausgepreßten Saft der Japanischen Quitte auch ohne Zucker sterilisieren und ihn dann erst beim Verbrauch wie Zitronensaft entsprechend verlängern.

Frostschutz verlangen die Sträucher nur in besonders ungünstigen Lagen. Die Pflanze ist sonst winterhart.

Die Japanische Quitte läßt sich leicht aus Samen vermehren, den man durch Zerstoßen der Früchte oder nach ihrem Auspressen durch Auswaschen in mit Wasser gefüllten Behältern bequem gewinnen kann (eventuell nach dem Ausgären der Masse). Es wird anschließend eingeschichtet und zum Frühjahr ausgesät. Die Samen, von denen etwa 2000 auf 100 g kommen, gehen zu fast 100 % auf. Auch die Vermehrung durch Stecklinge im Frühjahr oder durch Ableger ist möglich.

Mahonie, *Mahonia aquifolium* Nutt. (syn. *Berberis aquifolium* Pursh) (Fam. *Berberidaceae).*

Ihren Namen erhielt sie zur Erinnerung an den amerikanischen Gärtner Bernh. M'Mahon. Als eingeführte Pflanze hat sie nur diese Bezeichnung.

Die M a h o n i e ist unter den hier in Betracht kommenden immergrünen Laubgehölzen die einzige, die auch kältere Winter aushält, wenngleich ihre oberirdischen Teile in den Wintern mit besonders großer Kälte auch einmal erfrieren können. Die Heimat der Pflanze ist Nordamerika, Japan und Asien.

In ungünstigen Frühjahrsmonaten und in besonders der Sonne ausgesetzter Lage kann es vorkommen, daß die Blätter infolge Frost und gleichzeitiger Sonnenbestrahlung braun werden und abfallen. Meist bleiben die Blütenstände dabei aber gesund, ebenso wie die vorhandenen Knospen verhältnismäßig bald wieder neue Belaubung hervorbringen.

Die immergrünen, unpaarig gefiederten lederartigen Blätter sind im einzelnen eirund, lanzettlich und stachelspitzig gezähnt, mit glänzender Oberfläche.

Niedrige Hecken

Abb. 7 Mahonie

Halbschattige, gegen kalte Winde geschützte Lage sagt der Mahonie gut zu. In nährstoffreichem Boden ist die Überwinterung besser als in magerem. Zu beachten ist, daß die Mahonie kalkhaltigen Boden nicht so gut verträgt. Der Strauch ist aber wenig anspruchsvoll. Er liebt sandige Humuserde, die eher feucht als trocken sein möchte.

Die Pflanze kann $1/2$—1 m Höhe erreichen bei 0,75 m Breite. Im allgemeinen wird sie bei leichtem Schnitt, der nötig ist, damit die Hecke geschlossener erscheint, etwa 0,75 m hoch werden. Da die Blüten an den Triebspitzen erscheinen, darf zur Erhaltung der Fruchtbarkeit nicht zu viel geschnitten werden. Empfehlenswert ist aber, die Blütenzweige des Vorjahres um etwa 10—15 cm einzukürzen, da hierdurch die Fruchtbarkeit begünstigt wird.

Die Blüten erscheinen als aufrechte, dichtstehende Trauben, die gelbe Blütenbüschel bilden und den Bienen von Mai bis Juni reichlich Nektar und Pollen

Niedrige Hecken

spenden. Zum Herbst entwickeln sich aus ihnen ansehnliche, schwarzblaue, bereifte Beeren, die in normalen Jahren in größerer Menge beisammenstehen. Der Strauch ist viel in Gärten und Anlagen, meist in Heckenform, aber auch einzeln, anzutreffen. Hier ist sein Anbau auch am Platze, obgleich die Mahonie Zwischenwirt des Schwarzrostes des Getreides ist, wie dies auch bei dem Sauerdorn der Fall ist.

Die Entfernung der Pflanzen in der Hecke kann 30—50 cm betragen. Zu enger Stand wirkt sich ungünstig auf das spätere Wachstum und das Fruchten aus. Die Pflanzung ist, wie bei den meisten Heckenpflanzen, im Frühjahr und im Herbst möglich. Im ersten Jahr sollte man eine leichte Winterdecke geben, um die Wurzeln gegen das Herausfrieren zu schützen.

Für ausreichende Düngung ist die Mahonie dankbar; sie verträgt sogar Jauche. Vor allen Dingen aber ist reichliche Bewässerung unerläßlich, wenn der Boden trocken ist, und zwar der besseren Entwicklung der Früchte wegen. Der karminrote Saft kann zur Gelee- und Süßmostbereitung dienen. Auch lassen sich die Beeren zu Kompott einmachen. Die Preßrückstände können zu Mischfruchtmarmeladen weiter ausgenutzt werden.

Manchmal verwendet man den Saft zum Färben von Wein oder bereitet diesen auch wohl direkt aus ihm.

Vom Gärtner wird die Mahonie gern zu B i n d e r e i z w e c k e n angepflanzt. Am einfachsten vermehrt man die gewöhnliche Mahonie durch Samen, von denen 1600 etwa 100 g wiegen. Entweder werden die gleich nach der Reife durch Auswaschen aus den zerstoßenen Früchten gewonnenen Samen noch im gleichen Sommer ausgesät, oder man läßt sie, nachdem sie Oktober/November vorher 24 Stunden eingequollen waren, ein Jahr eingeschichtet liegen und sät sie dann Anfang April im Freiland aus. Ableger bewurzeln sich erst im 2. Jahr.

Johannisbeere (Ribisel), *Ribes rubrum* L. *(syn. R. sylvestre* Mert. et W. D. L. Koch), *R. nigrum* L., *R. aureum* Pursh u. a. m. (Fam. *Saxifragaceae).*

Der Name *Ribes* stammt aus dem Arabischen; ribas nannte man früher eine Rhabarbersorte vom Libanon, später erhielt diese Bezeichnung die Johannisbeere, wohl ihres säuerlichen Geschmackes wegen.

Von der Johannisbeere gibt es eine ganze Reihe Formen, die fast alle als Heckenpflanzen verwendet werden können. Als Kulturpflanzen kennt man die rot-, weiß- und schwarzfrüchtigen Sorten.

Die S c h w a r z e J o h a n n i s b e e r e, *R. nigrum,* je nach der Gegend auch unter den Namen Ahl-, Alpen-, Bocks-, Kakel-, Gicht- oder Wanzenbeere bekannt, ist die wertvollste unter den Johannisbeeren. Sie besitzt nämlich einen besonders hohen Vitamin-C-Gehalt, der auch nach dem Kochen, Gelieren oder Sterilisieren nicht restlos verlorengeht, und Blätter, die einen vorzüglichen und bekömmlichen Tee liefern.

Neuerdings hat man außerdem in den Früchten der Schwarzen Johannisbeere einen antibakteriell wirkenden Stoff entdeckt.

Niedrige Hecken

In den Beeren sind im Durchschnitt 180 mg % (in Orangen nur 50 mg %) Vitamin C und noch 300—500 Einheiten Vitamin P-Faktoren enthalten, dazu ein reichlicher Calciumgehalt. Daher ist der Saft der Schwarzen Johannisbeere nach Kleine ein so außerordentlich wirksames Hilfsmittel bei allen Krankheitserscheinungen, die mit erhöhter Kapillar-Durchlässigkeit einhergehen, wie Schlaganfälle, Empfindlichkeit gegen Strahlen-Arten, Erkältungskrankheiten usw.

Von guten Sorten sind zu erwähnen: 'Rosenthals langtraubige Schwarze', 'Silvergieters Schwarze', 'Roodknop' und 'Baldwin'. Zur besseren Befruchtung sollten mindestens zwei Sorten nebeneinander angepflanzt werden.

Die Frucht der Schwarzen Johannisbeere ist im Innern nicht schwarz, sondern grünlich. Will man einen besonders dunklen Saft erhalten, muß deswegen nach der Zerkleinerung entweder heißes Wasser über die Beeren gegossen werden oder sie müssen vor dem Abpressen kurz aufgekocht bzw. gedämpft werden, damit die Zellen der dunklen Schale ihren Farbstoff abgeben.

Neben diesen Kulturformen wird viel die **Goldjohannisbeere**, *R. aureum* Pursh, angepflanzt. Der Strauch hat schwefelgelbe, wohlriechende Blüten, die in hängenden, vielblütigen Trauben den Blattachseln entspringen und sehr zierend wirken. Leider setzt die Goldjohannisbeere aber nur wenige schwarze Beeren an, die allerdings ein vortreffliches Gelee abgeben. Die Goldjohannisbeere bildet die Unterlage für die hochstämmigen Stachel- und Johannisbeeren.

Die Sträucher wachsen rasch. Besonders an sonnigen Orten werden sie 3—4 m hoch. Nicht geschnitten, werden sie unten leicht kahl. Im Gegensatz zu den anderen Johannisbeeren blüht die Goldjohannisbeere oder Goldtraube im Schatten nicht.

Daneben gibt es eine Fülle weiterer Arten, von denen hier die **Alpenjohannisbeere**, *R. alpinum* L., genannt sei. Sie treibt früh aus, ist recht widerstandsfähig und kann selbst im tiefsten Schatten unter Bäumen, an Felsen und auf nassen Stellen mit Erfolg angebaut werden. Es gibt von ihr weibliche und männliche Formen. Deshalb müssen zur Befruchtung also beide angepflanzt werden. Während die männlichen, aufrechten Trauben 20- bis 30blütig sind, finden sich bei den weiblichen nur 2—5 Blüten. Die Früchte sind kleiner als die der kultivierten Arten, rot, geschmacklich mit den kultivierten Formen aber nicht gleichgültig. *R. alpinum* bildet ein sehr gutes Vogelschutzgehölz. Der Typ *R. alpinum* Schmidt behält sein Laub bis fast in den Winter.

Der Strauch hat zierlichen Wuchs und läßt sich mit Leichtigkeit durch Stecklinge zu jeder Jahreszeit, sowie durch Ableger, vermehren.

Ähnlich wie mit der Alpenjohannisbeere verhält es sich mit der **Felsenjohannisbeere**, *Ribes petraeum* Wulf. Sie treibt früh aus. Wild wächst sie mehr in den Alpen, im Gegensatz zur Alpenjohannisbeere, die wesentlich weiter in die deutschen Mittelgebirge herabsteigt.

Niedrige Hecken

Alle Johannisbeeren sind für gut gedüngten Gartenboden besonders dankbar. Sie wollen wohl genügend Bodenfeuchtigkeit, da sie Flachwurzler sind, vertragen aber kein zu hohes Grundwasser. Sie sind mit verhältnismäßig rauhem Klima zufrieden und gedeihen noch im Halbschatten, wenngleich ihre Beeren in der Sonne natürlich süßer werden. Kultur, Pflege und Verwertung sind bekannt. Die Beeren werden von vielen Vögeln gern gefressen.

Bei geringem Bedarf ist die Vermehrung durch Ableger am einfachsten. Andernfalls verwendet man im September geschnittenes und bis auf 1 Auge in die Erde gestecktes Steckholz. Die Pflanzen entwickeln sich rasch.

Um eine dichte Hecke zu erhalten, sind Abstände von 75 cm von Pflanze zu Pflanze angebracht. Soll ein guter Ertrag der Hecke gewährleistet sein, dann ist 1 m Pflanzweite zu wählen.

Die Pflege der Hecke besteht darin, daß gleich nach der Pflanzung die Triebe auf etwa 20 cm eingekürzt werden und auch in Zukunft das Zurückschneiden besonders bei den Sorten, die sich schlecht verzweigen, durchgeführt wird. In späteren Jahren muß gleichzeitig ein Teil des alten Holzes regelmäßig herausgeschnitten werden, um den jungen Trieben eine bessere Entwicklungsmöglichkeit zu bieten.

Wenngleich die Johannisbeere den strengen Schnitt als Hecke verträgt, ist der besseren Ertragsfähigkeit der Sträucher wegen doch von einem solchen abzusehen. Es läßt sich aber im Laufe des Jahres übermäßiges Triebwachstum entfernen.

Stachelbeere, *Ribes uva-crispa* L. (syn. *R. grossularia* L.) (Fam. *Saxifragáceae).*

Die Familienbezeichnung *Saxifragaceae,* Steinbrechgewächse, setzt sich zusammen aus Sacum = Fels und frangere = brechen. Sie umfaßt eine ganze Reihe von Pflanzenarten, die Steine brechen, d. h. auf Felsen wachsen und ihn zerklüften. Der Name gehört aber auch zur Signaturenlehre, denn es finden sich bei der Familie Vertreter, die gegen Steinleiden eingesetzt werden. Die in der neuen Literatur wieder gebrauchte Bezeichnung *uva-crispa* bedeutet „krause Traube".

Grossularia vom Lateinischen grossula, einer Verkleinerungsform von grossus = dick, bezeichnet eine kleine, unreife Feige.

Die Stachelbeere gedeiht auch noch an steinigen Orten. Sie stellt keine übermäßigen Ansprüche an den Boden, wenngleich sie für gut gedüngten Gartenboden mit entsprechender Feuchtigkeit recht dankbar ist. Auf trockenen Sand pflanzt man sie besser nicht.

Wildwachsend kommt die Stachelbeere in dichten Wäldern in Hecken vor, besonders in Gebirgsgegenden.

Unter den kultivierten Sorten gibt es eine ganze Reihe recht kräftig aufrecht wachsende, aber auch manche sich sehr flach ausbreitende Sträucher. Beim Anpflanzen ist entsprechende Sortenwahl nötig.

Niedrige Hecken

Neben den gartenmäßig angepflanzten Sorten wäre vor allem die Amerikanische Bergstachelbeere *(Ribes oxyacanthoides* L.) zu erwähnen. Ihre Früchte erreichen nur Mittelgröße. Sie sind rundlich, unbehaart, sehr saftreich und süß. Es hängen an den sehr langen Fruchtstielen meist zwei Beeren, wodurch das Pflücken trotz der Kleinheit der Früchte nicht beschwerlicher als bei den anderen Vertretern ist.

Sie eignen sich vorzüglich zur Süßmosterei. Man kann sie auch grün pflücken und so einmachen.

Die Pflanze bildet hohe, lichte Büsche, deren Triebe mit kräftigen Stacheln bewehrt sind. Ein Vorteil des Strauches liegt darin, daß er nicht vom amerikanischen Stachelbeer-Mehltau befallen wird.

Ribes divaricatum Dougl. ist ein aus dem westlichen Nordamerika stammender, stark bestachelter Strauch, der bis 3 m hoch wird, straff aufrecht und dicht wächst und neben reichlichem Fruchtertrage gut zur Anlage von Hecken und Vogelschutzgehölzen zu verwenden ist.

Ihrer Herkunft entsprechend verlangt diese Stachelbeere etwas Sonne.

Man kann an geschützten Stellen damit rechnen, daß in Stachelbeerhecken manch nützlicher Freibrüter sein Nest baut.

Auch die Kultur und Verwertung der Stachelbeere ist bekannt.

Es sei nur, wie schon bei der Johannisbeere, auf den rechtzeitigen Schnitt des Steckholzes im September verwiesen, wenngleich diese Vermehrungsart nicht so zu empfehlen ist. Besser und erfolgreicher vermehrt man durch Ableger. Diese Arbeiten sind rasch und einfach auszuführen. Ebenso schlagen Stecklinge im Juni/Juli rasch Wurzeln. Ferner kann die Vermehrung durch Anhäufeln der Sträucher empfohlen werden.

Sauerdorn *(Berberitze), Berberis vulgaris* L. (Fam. *Berberidaceae).*

Der S a u e r d o r n führt eine ganze Reihe verschiedener Bezeichnungen, von denen die meisten auf Form, Größe, Aussehen oder Geschmack der Frucht Bezug nehmen: Spitz-, Berbes-, Bässel-, Reifbeere, Essig-, Drei-, Erbsel-, Kreuzdorn, Sau(e)rach, Bettlerkraut oder auch Berberitze, deren Herkunft verschieden erklärt wird. Einmal soll sie aus dem arabischen berberis oder berberys, der Bezeichnung für die Früchte, stammen, ein anderes Mal aus der Berberei. Doch gibt man auch als Erklärung das Griechische berberi = Bartmuschel an, mit Bezug auf die Kronblattform.

Dieser mit Blatt-Dornen bewehrte Strauch hat sehr saure Früchte. Man findet ihn in Mitteleuropa in vielen Gegenden, wenngleich seltener in größeren Mengen. Obgleich er kalkliebend ist, gedeiht er auch auf weniger gutem Boden. Besonders schöne Sträucher wachsen aber in sonnigen Lagen, die auch, worauf die Dornen hinweisen, verhältnismäßig trocken sein können. Selbst in rauhen Gegenden trifft man sie an. Das Vorkommen erstreckt sich über Hek-

Niedrige Hecken

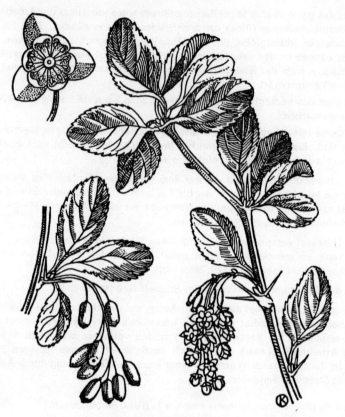

Abb. 8 Berberitze

ken, Gebüsche und lichte Waldungen, sowohl in der Ebene als auch im Gebirge. Als Zierstrauch wird er seiner Schönheit wegen vielfach in Gartenanlagen, auch mit einzelnen Abarten, angepflanzt.

Der Strauch zeigt schlanke, gebogene Zweige, deren Enden sich abwärts neigen. Sie sind dicht mit verkümmerten Blättern besetzt, die sich zu kleinen Dornen umgebildet haben. Die Blätter selbst stehen gestielt und gebüschelt; sie haben an der Basis den meist dreiteiligen Dorn. Die gelben Blüten entspringen als zierlich hängende Trauben den Blattbüscheln. Die Frucht ist scharlachrot, länglichrund, eine Beere mit 2—3 Samen.

Es gibt eine ganze Menge Varietäten, deren Früchte weißlichgelb, violett oder schwärzlich sind.

Niedrige Hecken

Von *Berb. vulg.* haben wir außerdem eine rotblättrige Form, *B. vulgaris* L. var. *atropurpurea* Regel.

Nach der von Mai bis Juni stattgefundenen Blüte reifen die länglichen, scharlachroten Beeren von August bis Oktober. Sie halten sich aber am Strauch den Winter durch bis zum Frühjahr.

Die Pflanze erreicht 1—2 m Höhe bei ebensolcher Breite. Sie läßt sich recht gut zu Hecken ziehen, die ihrer starken Bewehrung wegen gegen kleinere Tiere schützen.

In Heckenform sind ½—1 m Abstand zu wählen bei einer ungefähren Höhe der Hecke von 1 m. Schneidet man die Hecke bis auf 1,50 m, kann mit gutem Fruchtbehang gerechnet werden.

Des dichten, aufrechten Wuchses wegen ist beim Heckenschnitt zu empfehlen, nicht nur in der Gesamthöhe zurückzuschneiden, sondern auch im Innern auszulichten, damit immer wieder junges, sich bildendes Holz einen guten Fruchtertrag ermöglicht.

Der Sauerdorn ist leider der Träger der Überwinterungsform des Schwarzrostes, *Puccinia graminis,* und aus diesem Grunde auf keinen Fall in der Umgebung von Getreidefeldern anzupflanzen, wie auch Verordnungen von Behörden es ausdrücklich vorschreiben.

In der Nähe von Getreidefeldern wäre an Stelle der *B. vulgaris B. thunbergii* DC. zu empfehlen, eine japanische Art, die frei von Getreiderost bleibt. Dieser Strauch wächst wesentlich dichter als *B. vulgaris* und hat abstehende Nebenzweige. Er erreicht eine Höhe von 1—1,50 m und ist für Hecken niedriger Art besonders geeignet. Auch von ihm gibt es eine Form mit schöner, roter Belaubung, *var. atropurpurea Chenault,* die tief bronzerote Beeren besitzt.

Die Thunbergs-Berberitze hat mattgelbe Blüten im Mai, die auf Insektenbesuch angewiesen sind. Sie ist also auch wie überhaupt alle Sauerdorn-Arten Nektar- und Pollenspender.

Aus den Früchten der gemeinen Berberitze bereitet man Berberitzenmus, Sirup, Süßmost, Konfitüre, Gelee, auch Limonade. In manchen Gegenden wird ein guter Hausessig und Branntwein daraus hergestellt. *B. thunbergii* ist dafür weniger geeignet.

Die Vermehrung des S a u e r d o r n s erfolgt am besten durch Aussaat; auch die bunten Formen fallen ziemlich echt aus Samen. Man wäscht das kurz vor der Vollreife geerntete Saatgut sehr leicht aus, sät gleich danach ins freie Land, oder man quillt die Samen im Oktober 24 Stunden, schichtet über Winter ein und sät im Frühling beim Keimen aus. Die Samen laufen dann sofort auf. Im Frühsommer lassen sich von den sommergrünen Formen auch krautartige Stecklinge machen, wobei die unteren Dornen des besseren Arbeitens wegen entfernt werden. Dagegen wachsen verholzte Stecklinge von den laubabwerfenden Arten nicht. Ferner ist noch die Teilung und Ablegervermehrung möglich.

Niedrige Hecken

Das in frischem Zustand anfangs sehr unangenehm riechende Holz des Sauerdorns hat schöne, dunkelschwefelgelbe bis rotgelbe Farbe. Im Kern ist es bläulichrot, oft geflammt. Dieser Schönheit wegen wird es gern zu Drechslerarbeiten verwendet. Es ist beinhart, dicht, gut zu polieren und schwer spaltbar. Beeren, Rinde und Wurzeln des Strauches sind Mittel gegen Leber- und Nierenleiden.

Rote Apfelbeere, *Aronia arbutifolia* Pers. (syn. *Mespilus arbutifolia* L., *Sorbus arbutifolia* Heynh.) (Fam. *Rosaceae*).

Die A p f e l b e e r e ist mit Sorbus nahe verwandt, deswegen finden wir auch wohl manchmal als Zweitnamen die botanische Bezeichnung *Sorbus arbutifolia Heynh*. Das aus dem Griechischen stammende Wort Aronia war der Name einer Crataegus-Art, während arbutifolia auf die Blätter Bezug nimmt, die denen von Arbutus, des mediterranen Erdbeerbaumes, ähneln.

Die schon vor 1800 eingeführten Sträucher stammen aus Nordamerika, wo sie von Neu-England und Kanada bis zu den Alleghannies vorkommen. An den Standort stellen sie keine besonderen Ansprüche, gedeihen aber am besten an sonnigen Stellen in etwas feuchtem Boden, abgesehen von der S c h w a r z e n A p f e l b e e r e, *A. melanocarpa* Elliott (syn. *Mespilus arbutifolia* var. *melanocarpa* Michx., *Sorbus melanocarpa* Heynh.), die auch trockeneren Standort verträgt. Die Apfelbeere bildet freistehend einen schönen, geschlossenen Busch von 1—4 m Höhe. Ihre einfachen, kurzgestielten, später lederartigen Blätter sind 4—7 cm lang und 2 bis etwas über 3 cm breit. Sie besitzen Öldrüsen auf dem Mittelnerv und sind unterseits, wie der ganze Strauch, mit bleibendem, weißem Filz versehen.

Die 1—1^1/$_2$ cm breiten, weißen oder auch rötlichen Blüten, deren Griffel am Grunde verwachsen sind, erscheinen erst Mai/Juni. Der ganze Blütenstand bildet eine kleine Doldentraube, ähnlich dem des Weißdorns.

Etwa erbsengroße, fast birnenförmige, lebhaft rot gefärbte Früchte, die einen bleibenden Kelch tragen, zieren den in leuchtendroter Herbstfärbung prangenden Strauch. Das Fruchtfleisch ist fast ohne Steinzellen, etwas mehlig und hat keinen ausgesprochenen Eigengeschmack.

Der Strauch wächst verhältnismäßig rasch, verzweigt sich leicht und kann ohne Schaden geschnitten werden. Da die Blütenstände sich zumeist an den Spitzen der Triebe befinden und die Apfelbeere von sich bereits ziemlich geschlossen wächst, sei weniger zum Schnitt geraten. Die Pflanzen sehen ohne diesen besser aus und tragen reichlicher.

Neben der *Aronia arbutifolia* gibt es hier noch die *A. melanocarpa Elliot,* die S c h w a r z e A p f e l b e e r e. Sie wird kaum 1 m hoch und breitet sich leicht durch Ausläufer aus. Ihre glänzend schwarzen, unbehaarten Früchte kommen im August/September zur Reife, fallen aber bald danach ab. Dagegen ist die *A. prunifolia* Rehd. (syn. *Mespilus prunifolia* Marsh., *Pyrus floribvnda* Lindl., *Aronia floribunda Spach.),* die P u r p u r n e A p f e l b e e r e, der *arbutifolia*

Niedrige Hecken

ähnlich, im Blütenstand etwas lockerer gebaut. Sie wird jedoch bis 4 m hoch. Ihre im September und Oktober reifenden rundlichen oder kurzbirnförmigen Früchte sind etwas behaart, von dunkelroter bis schwärzlichroter Farbe und werden etwas größer; im Durchmesser 8—9 mm.

Die Apfelbeere läßt sich leicht durch Samen vermehren, den sie in reicher Menge liefert. Man sät entweder gleich im Herbst nach der Reife im Freiland aus oder schichtet das Saatgut ein. Es kommt dann erst zum Frühjahr ins freie Land. Auch die Vermehrung durch Wurzelsprosse, besonders bei *A. melanocárpa*, oder durch krautartige Stecklinge sowie durch Anhäufeln ist möglich.

Die Früchte liefern, mit stärker aromatischem Obst gemischt, eine gute Marmelade, können aber auch in jeder anderen Form verwertet werden, als Süßmost möglichst nur in Mischungen.

50 cm Pflanzweite in der Reihe ist meist richtig. Man kann die Sträucher als geschlossene Hecke verwenden oder sie auch in Mischhecken als Einsprengsel setzen.

Die Bienen befliegen die Pollen und Nektar spendenden Sträucher gerne. Die Vogelwelt schätzt die Früchte.

Gartenheidelbeere, *Vaccinium corymbosum* L (Fam. *Ericaceae*).

Der Name H e i d e l b e e r e soll nach R. Vollmann kein geographischer, sondern ein botanischer Begriff sein und soviel wie „Busch" oder „Strauch" bedeuten. Heidelbeere wäre demnach der Bezeichnung „Stauden- oder Buschbeere" gleichzusetzen. Das Wort Bickbeere ist wohl gleichbedeutend mit Pechbeere, heißt also „Schwarze Beere". Das Münchener „Taubeere", auch „Schwarzbeere", soll zu dem Altirischen dub = schwarz gehören. Vereinzelt sagt man ferner noch Besinge sowie Waldbeeren. Vaccinium gehört zu vacca = Kuh oder eher bacca = Beere.

Die großfrüchtige Gartenheidelbeere wurde aus Nordamerika bei uns eingeführt. Wie alle Heidelbeeren ist sie kalkfliehend, verlangt also kalkarmen Boden, der auch humushaltig und nicht zu trocken sein möchte. Wo der ihr zusagende Boden nicht vorhanden ist, wird Sandboden z. B. durch Torfmull verbessert, dem man gleichzeitig vermodertes Laub, Holzabfälle und Waldhumus zufügen kann. Vorteilhafter ist es natürlich, wenn man Heide- oder ähnlichen Boden für die Pflanzung verwendet.

Die Sträucher werden 1—2 m hoch. Ihre traubenförmigen Blütenstände entwickeln später große, dunkelblaue Früchte mit hellgrünem Fruchtfleisch. Erst durch Aufkochen mit der Schale erhalten wir einen färbenden Saft. Der Geschmack der Beeren ist sehr gut, wenngleich er nicht ganz dem der wildwachsenden Heidelbeeren gleicht. Der Ertrag setzt etwa vom 2. Jahre nach der Pflanzung ab ein und beträgt im Durchschnitt 2 kg und darüber.

Sie wird ähnlich der Johannisbeere, der sie im Wachstum nahe kommt, als Trennhecke angepflanzt.

Mittelhohe Hecken

Der notwendigen Fremdbefruchtung wegen sind mehrere Sträucher, die von verschiedenen Mutterpflanzen stammen, nebeneinander zu setzen. Es wird ähnlich wie bei der Johannisbeere geschnitten, in den ersten Jahren etwas stärker. Später lichtet man in der Hauptsache nur aus. Die Pflanzung erfolgt im Herbst oder im zeitigen Frühjahr in einer Entfernung von Strauch zu Strauch von etwa 50 cm. Die Gartenheidelbeere soll ein Alter von 30 Jahren erreichen. Die Düngung beschränkt sich auf Gaben von kalkfreiem Handelsdünger und sauren Humusstoffen. Kalk ist für die Pflanze Gift. Die Beeren werden wie die gewöhnlichen Heidelbeeren verwendet.

Die Vermehrung der Heidelbeere erfolgt weniger durch Aussaat, als vielmehr durch Stecklinge von Frühjahrstrieben, die im Haus in Schalen oder Handkästen in Sand und Torf gesteckt werden.

2. Mittelhohe bis hohe Hecken

Haselnuß, *Corylus avellana* L. (Fam. *Betulaceae*).

Ihr botanischer Name stammt mit seinem Teile Corylus wohl von Koryon = Kern oder Nuß, wogegen avellana von der Stadt Abella in Kampanien entnommen ist, wo mehrere Corylus-Arten angebaut wurden. Von deutschen Bezeichnungen kennen wir eigentlich nur noch die Zusätze: G e m e i n e o d e r W a l d - H a s e l n u ß .

Die Haselnuß ist eine der bekanntesten und besten Ölspender unter den Gehölzen. Sie findet sich fast auf jedem Boden, wenn es sich nicht gerade um armen Sand oder um ganz sumpfiges Gelände handelt. Sonst kann der Untergrund verhältnismäßig trocken sein. Die kultivierte Haselnuß ist allerdings etwas anspruchsvoller. Für sie möchte der Boden möglichst gehaltvoll und etwas feucht sein. Wenn auch die Haselnuß einigen Schatten verträgt und deswegen oft in lichten Wäldern, an Waldrändern, auf Lichtungen und in Gebüschen zu finden ist, so dürfen wir ihr aber keine wirkliche Schattenlage bieten, da sie dann wohl wächst, aber wenige oder keine Früchte trägt.

Als Kätzchenblütler und Windbestäuber braucht sie einen guten Standort, der leichter Luftbewegung ausgesetzt ist. Sie ist einhäusig und muß zur Bestäubung den Pollen einer anderen Sorte erhalten. Man braucht also zur Anpflanzung zumindest zwei Sorten. Die Wildhasel aber ist nicht so anspruchsvoll.

Man kann mit Erfolg Wild- und Kulturpflanzen durcheinander pflanzen. Da bei den wilden Sorten das Erfrieren der Kätzchen seltener als bei den kultivierten ist, besteht so eine sichere Möglichkeit der Bestäubung.

In ausgesprochenen Windlagen kann man Haselsträucher zum Zwecke des Ertrages nur in der Windrichtung anpflanzen, da sonst keine Bestäubung durch die Kätzchen möglich ist. In den Wallhecken der an der Seeküste gelegenen Landschaften ist die Haselnuß stark vertreten, und zwar regelmäßig auf der dem Winde abgekehrten Seite.

Mittelhohe Hecken

Die Hasel wächst meistens als Busch, seltener zieht man sie als Baum. Ihre Höhe beträgt 3—5 m, bei einer ebensolchen Breitenausdehnung. Die baumförmige Hasel wird 5—10 m hoch und 4—6 m breit.

Es gibt eine ganze Reihe von Kulturformen, z. B. die L a m b e r t n u ß , *C. maxima* und 'W e b b s P r e i s n u ß', eine besonders dankbare Sorte, die schwachtriebig wächst und vor allem für kleinere Gärten geeignet ist, ferner die großfrüchtigen Zellernüsse, wie die 'H a l l e s c h e R i e s e n n u ß', 'W u n d e r a u s B o l l w e i l e r', 'C o s f o r d' und 'L a n d s b e r g e r L a n g e'. Die e n g l i s c h e Z e l l e r n u ß eignet sich für geschlossene Lagen, Geländesenkungen und die Nähe von größeren Binnenlandgewässern besonders, da sie in der Blütezeit eine größere Härte gegen Nebel und Regen besitzt.

Die T ü r k i s c h e H a s e l n u ß , auch B a u m h a s e l oder D i c k n u ß genannt, *Corylus colurna* L., hat baumartigen Wuchs, wird bis zu 20 m hoch und findet sich in den gleichen Lagen Europas. Ihr Holz wird für feinste Möbel verwendet. Die Früchte sind besonders schmackhaft.

Die Krone der Baumhasel baut sich schön pyramidal auf und besitzt große, dunkelgrüne Blätter. Den Stamm umkleidet eine weißgraue, rauhe, korkige Borke.

Bekannt ist ferner die B l u t n u ß , *C. avellana* f. *fusco-rubra* Dipp., die durch ihre braunpurpuroten Blätter ebenso wie die rote L a m b e r t n u ß , *var. purpurea,* eine Zierde des Gartens ist.

Es gibt jedoch noch eine ganze Reihe wertvoller Sorten.

Geerntet wird, wenn sich die Nüsse mühelos aus den Hüllen lösen. Man wird am besten täglich durchpflücken oder die Büsche abklopfen und die Nüsse aufsammeln. Noch nicht ausgereifte Früchte schrumpfen beim Nachtrocknen und verlieren dann an Wohlgeschmack.

Die geernteten Nüsse werden in dünner Schicht ausgebreitet, häufig gewendet, bis sich die noch anhaftenden Hüllen lösen, und wenn sie gut getrocknet sind, gegen das Ranzigwerden in trockener Kleie und ebensolchem Sand oder Sägemehl aufgehoben.

Es werden 2—3jährige Sträucher gepflanzt, denen, um gute Erträge zu erhalten, je nach Bodengüte ein Abstand von 3—4 m gegeben wird. Will man die Haselnuß als Windschutz benutzen, so ist eine Pflanzung im Verband zu empfehlen, bei allseitigem Abstand von etwa 3 m. Nach dem Pflanzen werden die Haseln zurückgeschnitten, um eine gute Bestockung zu erreichen.

Die Sträucher lassen sich ohne Schaden stark verjüngen. Sie entwickeln sich sogar nach einem solchen Eingriff besonders kräftig. Die Haselnuß ist fast unverwüstlich. Ihre Ausläufer führen kurze Strecken unter dem Boden hin und verbreitern dadurch den Strauch immer mehr. Er ist im allgemeinen mit 60 bis 80 Jahren am Ende seiner Lebenskraft. Die wilde Hasel wird aber auf ihrem ursprünglichen, naturgegebenen Standort nicht so alt. Die meistens ertragreicheren veredelten Sträucher sollten möglichst licht gehalten werden, beson-

Mittelhohe Hecken

ders im Innern. Die kleinen, vorjährigen Triebe läßt man aber stehen, da sie im allgemeinen die Fruchtträger sind. Schwache, in übermäßiger Zahl entstehende Wurzelausschläge sind zu entfernen. Das ältere Holz schneidet man zugunsten jüngerer Triebe in Zwischenräumen von 7—10 Jahren heraus.

Es wird auch empfohlen, im August die jungen, verholzten Seitentriebe durch Abbrechen auf die Hälfte ihrer Länge zu kürzen, um den unteren Knospen ein besseres Ausreifen zu ermöglichen und auf diese Weise eine größere Zahl von weiblichen Blüten zu erreichen.

Reiche Erträge erhält man durch entsprechende Düngung, die in Zwischenräumen von 3—4 Jahren in einer Stalldüngergabe besteht, im übrigen in Handelsdüngergaben unter Bevorzugung von Kali und, falls der Boden arm daran ist, Kalk.

Die Haselnüsse enthalten 60 % fettes Öl, 17 % Eiweiß und 7 % Kohlenhydrate. Sie werden im Haushalt, in der Konditorei und in Schokoladenfabriken verwendet und dienen zur Herstellung eines das Olivenöl an Güte und Wohlgeschmack noch übertreffenden Speiseöls. Das Nußöl ist auch für feine Instrumente wie Uhren und Musikinstrumente wichtig.

In der Rohkost sind die Nüsse als ergänzende Beigabe von Wert. Man soll sie möglichst immer in Verbindung mit Obst oder Gemüse essen, da sonst ein Säureüberschuß entsteht. Die Haselnüsse können auch als Würze an Tunken, Salate usw. gegeben werden, ebenso als Mandelersatz in den Kuchen.

Den Bienen liefert die Haselnuß sehr begehrten Pollen, der neuerdings auch gesammelt wird, um ihn dann den Bienen in verarbeitetem Zustand zu reichen. Da die Hasel auch bei engem Stand keine ganz dichte Hecke bildet, nimmt man sie besser als Windschutzpflanzung, die ja unten nicht so dicht zu sein braucht. Oder man verwendet sie in Verbindung mit anderen Gehölzen zu dem schon erwähnten Knick.

Geeignete Pflanzstellen sind außerdem am Dorfteich, auf Angern, Dorfplätzen, Schul-, Kirch- und Spielplätzen, auch am Komposthaufen, an Feldwegen, Dämmen, Böschungen, auf Schutthalden, auf dem Wirtschafts- und Geflügelhof, hinter Scheune und Stall, an Kanälen und Kiesgruben, Wiesen und Viehweiden.

Man vermehrt die Haselnuß durch Aussaat der nach dem Ausreifen eingeschichteten und gegen Mäusefraß sorgfältig geschützten Nüsse im Frühjahr. Sie keimen im Mai. 100 Nüsse wiegen etwa 100 g. Steht Saatgut nicht zur Verfügung oder werden keine größeren Pflanzenmengen benötigt, dann lassen sich auch leicht Ableger gewinnen, indem man vorjährige Triebe in kurzem Bogen absenkt und mit Draht- oder Holzhaken festhält. Die Bewurzelung erfolgt meistens bereits bis zum Herbst. Veredelungen, wenn man sie für seltenere Arten nötig hat, nimmt man im Winter im Hause auf eingewurzelten *C. avellana* vor.

Mittelhohe Hecken

Das zähbiegsame, dabei gut spaltbare Holz der Haselnuß wird zu den verschiedensten Reifen, Flechtwaren, auch Stielen, Stöcken, Stäben, Sprossen verwendet. Für stärkere Stücke haben Drechsler und Schnitzer Interesse. Maserige Wurzeln lassen sich gut beizen und polieren.

Schwarzer Holunder, *Sambucus nigra* L., und **Roter** oder **Traubenholunder,** *Sambucus racemosa* L. (Fam. *Caprifoliaceae*).

Die Entstehung des Namens sambúcus ist unsicher. Nigra heißt schwarz. Racemósa bedeutet traubig und gibt die Form des Fruchtstandes vom roten Holunder an.

Eine große Fülle deutscher Namen zeichnet den **Holunder** aus und zeugt von seiner Beliebtheit im Volke, sowie von der Hochachtung, die der Strauch schon seit jeher genossen hat. Ein Teil der Namen bezieht sich auf die Verwendung der Früchte als Heilmittel gegen Kolik, z. B. Keilkebeere, Kelke. Andere sind Verkleinerungsformen von Kirsche, Kisseke, Kesse, Kisse. Wieder andere sprechen vom Holler oder Hollerstrauch, weil die Pflanze der Göttin Freya (Frau Holle) geweiht war. In Sachsen sagt man Schiebchen, Schibicken, Zwebehen, Zwobbeken, Zwöbbesten. Ebenso sind Flieder und Musflieder als Name anzutreffen. Dazu kommen noch viele andere Bezeichnungen.

Der Traubenholunder wird oft auch Berg-, Roter- oder Hirschholunder, auch wohl Schaloster, Kelken, Refken, Nelken, Wandelbaum genannt.

Der Holunder erreicht eine durchschnittliche Höhe von 4—5 m, bei einer busch-, manchmal auch baumartigen Entwicklung. Seine Breite beträgt dann meist 3—5 m.

Man kann ihn ohne Nachteil stark kappen. Er wird immer wieder kräftig durchtreiben. Im Inneren des Strauches sich entwickelnde Triebe trocknen im Winter häufig zurück, so daß er in späteren Jahren, wenn er nicht genügend gepflegt wird, ein etwas struppiges Aussehen bekommt. Der Fruchtstand ist eine endständige, flache Trugdolde, die sich meist in fünf Hauptäste verteilt. Die Beeren sind schwarz, klein und kugelig. Die Blütezeit liegt meist im Juni. Die Reife der Beeren fällt in der Hauptsache in den September.

Der stärkeren Entwicklung der Pflanzen wegen ist der Holunder weniger zu geschlossenen Hecken, als mehr zur Anpflanzung im Knick und anderen lockeren Buschhecken zu empfehlen, wo er bei größerer Pflanzweite besser gedeiht. Den Schwarzen Holunder findet man überall dort, wo menschliche Wohnstätten sind.

Anders steht es mit dem **Traubenholunder.** Ihn trifft man in der Hauptsache nur in den Mittelgebirgen, wo er mit seinen leuchtenden roten Beeren, die Mitte Juli reifen, an Waldrändern und auf Kahlschlägen das Auge erfreut. Der **Schwarze Holunder** ist mehr ein Gehölz der Ebene und des Hügellandes. Er liebt fruchtbaren, vor allem humosen Boden, ist aber in seinen Ansprüchen an den Boden sonst nicht wählerisch. Von leichtem über halbtrockenen, frischen Boden ist er auch auf schweren Böden in gleicher Wachs-

Mittelhohe Hecken

tumsfreudigkeit anzutreffen. Dabei verträgt er Schatten, wenngleich er dann weniger blüht und die sowieso in eingeschlossener, geschützter Lage auftretenden Läuse ihn dort noch stärker befallen werden.

Da er selbst etwas unter dem Anprall scharfer Winde leidet, treffen wir ihn in der Hauptsache wildwachsend in Mischpflanzungen auf der dem Winde abgekehrten Seite der Hecken.

Vom Schwarzen Holunder sollte die Form mit grünen Fruchtstengeln, die außerdem kleinere, nicht so gut schmeckende Beeren trägt und einen schlechten Ansatz zeigt, nicht vermehrt werden.

Abb. 9 Schwarzer Holunder

Die Großfrüchtige Fliederbeere besitzt besonders große Beeren, die an etwas hängenden Fruchtständen sehr gleichmäßig reifen. Auch die Sorte 'Riese von Vossloch' mit doppelt so großen Beeren als der gewöhnliche Schwarze Holunder und mit gleichmäßig reifenden, bis 200 g schweren Trugdolden ist als Fruchtträger zu empfehlen.

Mittelhohe Hecken

Durch die Möglichkeit eines Rückschnittes ist der übermäßigen Entwicklung der Pflanzen ohne Nachteil zu jeder Jahreszeit zu begegnen.
Besondere Düngung wird selten notwendig sein. Die Pflege erstreckt sich in der Hauptsache auf Auslichtung und gegebenenfalls Verjüngung der Sträucher, die nicht an bestimmte Regeln gebunden ist.
Der Holunder ist wohl die Pflanze, deren Verwertungsmöglichkeit aller ihrer Teile am vielseitigsten ist. Daraus erklärt sich auch der Ausdruck:
„Vor einem Holunderstrauch soll man dreimal den Hut abnehmen."
Die Blüten werden als Tee offizinell verwendet. Dieser Tee wirkt beruhigend, blutreinigend und leicht abführend. Da er schweißtreibend ist, soll man ihn bei Fieber aber nicht trinken. Blütenstände werden nach dem Entfernen der stärkeren Stiele gern in Schmalzküchlein gebacken. Außerdem bereitet man aus den Holunderblüten ein erfrischendes, alkoholfreies, sektartig moussierendes Getränk.

Abb. 10 Traubenholunder

Mittelhohe Hecken

Aus den reifen Früchten wird eine vorzügliche und sehr gesunde Suppe bereitet. Aus dem Saft der Beeren läßt sich mit entsprechender Zucker- und Wasserzugabe Süßmost herstellen. Zur Süßmostbereitung sollen nur vollreife Beeren genommen werden, die möglichst vorher (z. B. mittels einer Gabel) entstielt wurden. Der Holunderbeersüßmost wird meist nicht allein verwendet, sondern gern mit Apfelsüßmost oder gleichen Teilen Quittensüßmost vermischt. Man wird ihn rein bis zu 75 % mit Wasser verdünnen können, unter Zugabe von etwa 100—120 g Zucker je 1 Liter Saft.

Grüne Früchte, frische Blätter und frische Rinde sind hingegen giftig und können nach ihrem Verzehr beim Menschen Erbrechen und starken Durchfall verursachen.

Holundersaft, der nicht genügend erhitzt wurde oder von nicht reifen Beeren stammt, kann zum Erbrechen führen.

Die ganzen Beeren verwendet man zu Mus, besonders unter Zugabe von der gleichen Menge Zwetschen. Das reine Mus, mit Zucker und Honig gekocht, ist gut für Personen mit sitzender Lebensweise.

Die Beeren enthalten Vitamin A, B und C.

Neben der Verwertung in frischem Zustand kann man die Beeren gut trocknen, indem man an warmer, luftiger, aber schattiger Stelle Fäden spannt und die Fruchtstände darüberhängt. Aus den Beeren können dann gute Suppen gekocht werden, die in der kalten Winterzeit ihrer erwärmenden Wirkung wegen besonders angenehm sind.

Die blühenden Sträucher sind Pollen- und Nektarspender. Die Früchte stellen ein sehr begehrtes Vogelfutter dar. Deshalb halten sie sich reif nicht lange am Baum. Die älteren Bäume und Sträucher werden gern von Vögeln zum Nisten aufgesucht.

Auch der Traubenholunder ist wertvoll. Seine Früchte können gleichfalls zur Suppe verwendet werden, ebenso wie sich aus ihnen sowohl Marmelade wie auch Süßmost herstellen läßt, der besonders im Verschnitt mit Rhabarber- oder Birnensaft geschmacklich gut zusagt.

Die Samen des Roten Holunders enthalten ein schon in kleinen Mengen (3 g) stark Brechreiz erregendes und abführendes Öl. Sie müssen deswegen auf jeden Fall vor dem Genuß restlos entfernt werden.

Das in dem Fruchtfleisch enthaltene Öl ist vollkommen unschädlich und kann unbedenklich mitverbraucht werden, wenn man es nicht durch Pasteurisieren oder Schleudern ausscheiden will.

Rückstände, wie auch frische und getrocknete Beeren, lassen sich als Hühnerfutter und überhaupt als Vogelnahrung verwenden.

Die Beeren sind nicht ganz so saftreich wie die des Schwarzen Holunders. Sie reifen Mitte Juli. Der Strauch ist anspruchslos. Er gedeiht sowohl in sonniger als auch in halbschattiger Lage, wird aber nicht so groß wie der Schwarze Holunder. Über 2—3 m kommt er meist nicht hinaus.

Mittelhohe Hecken

In dichten Hecken hält sich der Rote Holunder nicht lange. In lockerer Pflanzung kann man ihn für die ersten Jahre als raschwachsendes und gut deckendes Gehölz ansetzen.

Das mäßig harte, gut spaltbare Holz des Schwarzen Holunders ist zäh, wirft sich aber leicht. Man verwendet es in der Hauptsache zu untergeordneten Drechsler-, Kammacher- und Holzschnitzarbeiten. Das Warzenholz dient als Maserholz für Pfeifenköpfe. Aus dem Mark verfertigt man Spielzeug. Ferner gebraucht es der Uhrmacher. In der Mikroskopie dient es zum Festhalten kleinerer Gegenstände. Seine Verwendung zu elektrischen Experimenten ist wohl bekannt.

Beide Holunderarten finden an ihrem natürlichen Standort durch die Vögel eine große Verbreitung, weswegen sie an manchen Stellen zum lästigen Unkraut werden können. Zur eigenen Vermehrung wird man das Saatgut (es wiegen 1000 Korn des Schwarzen nur 2,5 g, während der schwerere Rote Holundersamen es auf 7 g bringt) nach der Reinigung einschichten und es dann zum Frühjahr recht weitläufig aussäen. Es besitzt eine sehr gute Keimfähigkeit.

In der Baumschule wird der Holunder zumeist durch Steckholz vermehrt. Man verwendet hierzu am besten mittelstarke Hölzer. Beim Hirschholunder kann man auch mit Vorteil Grünstecklinge schneiden.

Kornelkirsche, *Cornus mas.* L. (Fam. *Cornaceae*).

Die K o r n e l k i r s c h e wird auch wohl noch Düll-, Dier-, Her-, Hörlitze, Krakebeere, Korlesbeere, Gelber und Echter Hartriegel sowie Hornstrauch genannt, letzteres des hornartigen, zähen, schwerspaltigen Holzes wegen. Auch der botanische Name Cornus vom lt. cornu, -s = Horn bezieht sich auf die Härte des Holzes.

Es handelt sich bei der Kornelkirsche um eines der wertvollsten wildwachsenden und nutzbringenden Gehölze, das als gleichzeitiger Fruchtspender besonders für kalte, hohe Gebirgsgegenden zu empfehlen ist. In Süd- und Mitteleuropa kommt die Kornelkirsche auf Kalkboden und in Mergelgebieten wild vor, so in Böhmen, Thüringen und auch in der Alpenzone. Sie wächst am und im Walde, auch als Unterholz und ist selbst auf trockenen Hügeln anzutreffen, ebenso in kultivierter Form in Gärten und Anlagen.

Kalkhaltiger und etwas feuchter Boden sagt ihr am meisten zu, doch gedeiht sie, wie gesagt, auch auf trockenen Böden. Im Schatten ist ihr Blütenansatz etwas geringer.

Meistens entwickelt sich die Kornelkirsche strauchartig, manchmal auch baumartig. Sie wächst aufrecht und straff, wird 2—6 m hoch und 2—4 m breit. Die eiförmigen, langgespitzten, oberhalb angedrückt behaarten Blätter werden 6—8 cm lang und stehen einzeln oder zu dritt und viert an den Zweigen.

Mittelhohe Hecken

Abb. 11 Kornelkirsche

Noch vor den Blättern erscheinen die gelben Blüten, schon manchmal im Februar bis in den April hinein. Sie stehen in 2 cm langen Dolden, die mit einer blättrig-gelben Hülle versehen sind.

Die länglichen, etwa im September reifenden, zweifächerigen Steinfrüchte sind erst korallenrot, in der Reife nachher schwarzrot und werden etwa 1½ cm lang.

Die Pflanze wächst verhältnismäßig langsam, trägt etwa nach 8—9 Jahren und wird bis 100 Jahre alt. Sie verträgt das Beschneiden gut. Man kann sie sogar auf den Stock setzen. Die Kornelkirsche bildet sehr dichte, hohe Hecken. Wegen ihrer Genügsamkeit und Härte ist sie in jeder Form zu verwenden. Selbst bei scharfem Schnitt kann man immer noch mit Blüten rechnen. Die Pflanze ist selbstfruchtbar, bringt aber manchmal an einzelnen Exemplaren nur vorwiegend männliche Blüten hervor, so daß dann natürlich ein schlechter Ertrag die Folge ist.

Mittelhohe Hecken

Zur Pflanzung verwendet man außer Sämlingen auch Wurzelschößlinge, Ausläufer und Ableger. Während man für dichte Hecken etwa 2—3 Pflanzen je Meter setzt, kommen für den Fruchtertrag je Meter höchstens 2 Pflanzen in Frage. Schöner ist die Entwicklung der einzelnen Pflanze bei weiterem Stand. Abgesehen von dem üblichen Rückschnitt und dem regelmäßigen Auslichten und Beschneiden der Hecke, ist eine besondere Pflege nicht nötig.
Die Früchte liefern einen guten Süßmost, der besonders aromatisch schmeckt. Wie bei allen diesen Früchten ist entsprechend Zucker, etwa 100 bis 150 g je Liter, und Wasser je nach Geschmack, etwa 50 %, zuzugeben. Sie sind auch recht vitamin-C-haltig. Mit 75—90 mg % ist zu rechnen.
Ferner wird ein kühlendes, stärkendes Mittel aus den Früchten hergestellt und besonders bei Ruhr, Blutsturz und Fieber gereicht. Kornelkirschen legt man auch in Essig ein oder in Salzwasser mit Lorbeer und Fenchel. Durch letztere Verarbeitung werden sie in Aussehen und Geschmack olivenartig. Man verwendet aber dazu die noch etwas unreifen grünen Früchte.
Die Blüten der Kornelkirschen liefern den Bienen Nektar und Pollen. Doch kann ein Zuviel davon Durchfall bewirken, weshalb es zweckmäßiger ist, die Bienenstöcke nicht in zu großer Nähe der Sträucher aufzustellen.
Die Kornelkirsche ist kein ausgesprochenes Vogelschutzgehölz. Ihre Früchte sind aber bei verschiedenen größeren Vögeln sehr beliebt.
Der Strauch wird nie von Schädlingen befallen.
Die Vermehrung des Hartriegels ist je nach Art verschieden. Es kommt hauptsächlich Aussaat in Betracht. Gleich nach der Ernte werden die Steinfrüchte ausgewaschen; nachdem man die Samen zwei Jahre eingeschichtet liegen ließ, sät man sie aus. Bei sofortiger Aussaat würden, der langen Keimzeit im Boden wegen, zu große Verluste und zuviel Arbeit erforderlich sein. Das 1000-Korn-Gewicht der Samen beträgt 160 g, so daß auf 100 g etwa 600 Samen kommen. Leider ist nicht immer ausreichend Saatgut für die Vermehrung zu bekommen.
Das Holz des Hornstrauches wird gerne von Drechslern verarbeitet. Man verfertigt daraus Maschinenstücke, wie Radkämme, Weberschiffchen, auch Werkzeuggriffe, Schuhstifte usw. Stärkere Stücke verarbeitet die Galanterietischlerei. Die geschälten und braunfleckig gebrannten jungen Triebe sind unter dem Namen „Ziegenhainer" bekannt. Aus der Rinde und dem Holz gewinnt man auch einen gelben Farbstoff. Die harten Samen finden verschiedentlich zur Anfertigung billiger Rosenkränze Verwendung.

Sanddorn, *Hippophae rhamnoides* L. (Fam. *Elaeagnaceae*).

Der Sanddorn führt noch eine Reihe anderer Namen, wie Korallenstrauch (der Früchte wegen), Rote Schlehe (weil Dornen wie bei der Schlehe, aber rote Früchte vorhanden sind), Weidendorn (der Form der Blätter wegen), Seedorn, Stranddorn, Seekreuzdorn u. a. (des Standortes wegen). Das botanische Hippóphae kommt von hippos = Pferd und phaes = schimmernd, glänzend, also das Pferdefell glänzend machend. Wie der Name sagt, handelt es sich um einen

Mittelhohe Hecken

Strauch, der Dornen bildet und in der Hauptsache auf feuchtem Sand vorkommt, bei möglichster Trockenheit der oberen Schichten. Er liebt kalkigen Kies und Sand und wächst und fruchtet nur dort auf die Dauer, wo kein Mutterboden den Sand bedeckt. Auf den Sandböden der Nord- und Ostsee stark verbreitet, reicht seine nördliche Wachstumsgrenze bis zum 67. Grad nördlicher Breite. Der Sanddorn steigt von der Ebene bis zu den Ufern der Alpenflüsse hinauf und ist im Westen und Süden Deutschlands anzutreffen.

Gegen Wassermangel ist er sehr empfindlich. Seine Lichtbedürftigkeit ist groß. Meist bildet er 1—3,50 m hohe Sträucher, manchmal aber auch bis über 6 m hohe Bäume. Dabei entwickelt er eine Breitenausdehnung von 2—3 m.

Der Sanddorn hat dornig auslaufende Äste und Zweige mit dunkelrotbrauner Rinde. Die schmalen Blätter sind oben graugrün, während unten weiße, dichte, teils auch rostfarbene Schildhaare sitzen. Der Strauch sieht dadurch von weitem gesehen fast silbrig aus. Die Blüten erscheinen vor den Blättern. Sie entwickeln sich in den Blattachseln.

Die Wurzeln bilden häufig Ausläufer, die selbst durch harte Wege und Mauern dringen und oft bis zu 6 m zurücklegen. Man verwendet den Sanddorn deswegen auch gern zum Befestigen von Dünen und Kiesgruben. Daneben findet man ihn viel als Heckenpflanze und Zierstrauch. Die gold- bis orangegelben oder braunen Früchte werden erbsengroß und reifen etwa von August bis Ende September. Sie bleiben dann noch lange Zeit am Strauch hängen.

Da die Fruchtzweige sehr dekorativ wirken, sind sie ein beliebter, lange haltbarer Vasenschmuck. Ihre starke Entnahme schädigt aber die Sträucher auf lange Zeit hinaus.

Bei der Ernte schneidet man sie samt den kleinen Stielchen mit einer Schere ab. Man kann die Zweige vorsichtig — sie brechen leicht — mit einem Drahthaken herunterziehen. Ein untergelegtes Tuch nimmt uns das Aufsammeln der Beeren ab.

Trotz vielfacher Versuche ist eine wirtschaftliche Art, die Beeren in großen Mengen zu ernten, bisher noch nicht gefunden worden. Es müßte die Züchtung sich des Sanddorns annehmen und, bei gleichem Vitamin-C-Gehalt, Formen mit größeren Beeren, festerem Fruchtfleisch und längeren Stielen herausbilden.

Wird der Strauch verpflanzt, dann blüht er seltener. Zur Befruchtung sind stets mehrere Sträucher zusammenzupflanzen, da der Sanddorn zweihäusig ist, also männliche und weibliche Blüten auf verschiedenen Sträuchern wachsen.

Die Pflanzenentfernung beträgt in der Reihe etwa 70 cm. Der Sanddorn wirkt durch seine Stickstoff sammelnden Knöllchenbakterien an den Wurzeln bodenverbessernd, was gerade für das Wachstum anderer Pflanzen auf sandigem Boden von Vorteil ist. Er erreicht ein durchschnittliches Alter von 30 bis 40 Jahren.

Aus seinen geringen Bodenansprüchen ergibt sich, daß er ein verhältnismäßig anspruchsloses Gewächs darstellt, das ohne Düngergaben auskommt.

Mittelhohe Hecken

Ein Rückschnitt des Sanddorns sollte möglichst nicht vorgesehen werden. Da das Gehölz nur am vorjährigen Holze Blüten und Beeren entwickelt, wird einmal der Ernteertrag stark vermindert und zum anderen tritt auch ein starkes Verkahlen der Sträucher, unter Umständen mit langsamem Absterben, ein.

Als Unterpflanzung kann man den Sanddorn seiner Lichtbedürftigkeit wegen nicht verwenden. Er wächst in kurzer Zeit mit seinen Wurzelschossen dem Lichte nach.

Das grünweiße, nach dem Kern zu braungeflammte Holz des Sanddorns wird zu Drechslerarbeiten verwendet und kann auch zum Blaufärben benutzt werden. Es ist hart und glatt.

Abb. 12 Sanddorn

Die Früchte geben eine gelbe Farbe. Wie neuere Forschungen ergeben haben, sind sie in Süddeutschland noch in weit größerem Maße Vitamin-C-haltig als die Hagebutte, so daß sie mit Recht die beste natürliche Vitamin-C-Spenderin genannt werden können. Während die Vitamin-C-Werte der Hagebuttenschalen zwischen 60—70 mg Prozent liegen, konnte bei reifen Sanddornbeeren ein konstanter Gehalt von 500 bis 900 mg % festgestellt werden. Da sich die Vitamin-C-Menge sehr gut erhält, besser als bei der Hagebutte, läßt sich der große Wert, den der Sanddorn schon allein durch seine Früchte für den Menschen besitzt, klar erkennen. Außerdem kommt im Sanddorn noch eine Vorstufe des Vitamins A vor, wodurch er noch wertvoller wird.

Die Früchte lassen sich zu Saft und Süßmost, Mus, Marmelade und Gelee verarbeiten. Mit Quitten und anderem Obst kann man auch eine angenehm säuer-

Mittelhohe Hecken

lich schmeckende Fruchtpaste herstellen. Sie geben ferner eine Würze für Fischtunken usw. In jeder der angegebenen Verarbeitungsformen sind sie ein gutes Vorbeugungsmittel gegen Vitamin-C-Mangelerscheinungen, die besonders im Winter und Frühjahr verbreitet sind.

Beachtet muß aber werden, daß das Pflücken der Früchte kein Vergnügen ist und der Geschmack der aus ihnen erzeugten Produkte, wenn keine Mischung erfolgt, nicht jedem zusagt.

Neben den Beeren verwendet man schon lange die Abkochung der jungen Äste, Blätter und Blüten gegen Rheuma und gichtische Leiden, Haut- und andere Krankheiten.

Da der Sanddorn vorwiegend Windbestäuber ist, haben unsere Imker, als Bienenweide, keine Freude an ihm. Den Freibrütern unter den Vögeln bietet er gute Nistgelegenheit, die sehr sauren Beeren werden von größeren Vögeln, aber auch von Finken, angenommen.

Der Strauch ist überall dort zu finden, wo es sich um die Anlage undurchdringlicher Hecken handelt und der Boden sandig, kalkhaltig und im Untergrund feucht ist. Zu berücksichtigen bleibt aber die schon erwähnte, oft lästig stark auftretende Wurzelschoßbildung der Pflanzen.

Die Vermehrung des Sanddorns durch Samen, es wiegen von ihnen 1000 Stück 7,5 g, ist leicht. Man wird die Früchte nach der Reife sofort auswaschen, einschichten und dann im Frühjahr ins Freiland säen. Die Keimung geht rasch vor sich. Durch die Aussaat entstehen aber über 50 % männliche Pflanzen, die wir nur etwa im Verhältnis 1 : 6 zu den weiblichen, der Bestäubung wegen, gebrauchen. Da die männlichen Sträucher selbst nicht fruchten und deshalb auch keinen Schönheits- und Nutzungswert besitzen, ist eine Vermehrung des Sanddorns durch Wurzelschosse von guten weiblichen Mutterpflanzen vorzuziehen. Es lassen sich zur Not auch Ableger oder, im Frühsommer, Stecklinge machen.

Saatgut ist, da der Sanddorn unter Naturschutz steht, nicht immer in ausreichenden Mengen zu haben.

Silberblättrige **Büffelbeere**, *Shepherdia argentea* Nutt.
(Fam. *Elaeagnaceae*).

Die B ü f f e l b e e r e hat ihren botanischen Namen nach dem Direktor des botanischen Gartens von Liverpool, John Shepherd (1754—1836), erhalten. Sie wird auch A m e r i k a n i s c h e r S i l b e r b a u m genannt und gehört der gleichen Familie an, wie die Ölweide und der Sanddorn.

Der bis 6 m hohe, baumartige Strauch wächst etwas sparrig. Er trägt silberschülferige, oft verdornende Zweige, an denen schmale bis 5 cm lange, gleichfalls silberschülferige, gegenständige Blätter stehen.

Die zweihäusigen, unscheinbaren, vor dem Blattaustrieb (März/April) erscheinenden Blüten sind von gelber Farbe. Die Weiblichen stehen sich in den Blatt-

Mittelhohe Hecken

achseln gegenüber. Sie haben röhrige, im Schlunde 8 Drüsen aufweisende Blütenhüllen. Die Fruchtknoten sind einfächerig und eineiig. Die männlichen, gestielten Blüten stehen in den Achseln von Deckblättchen.

Die Pflanze stammt aus dem Inneren der Vereinigten Staaten, wo sie an den Flußufern nördlich bis Nord-Minnesota und Britisch-Columbien vorkommt. Ihr Aussehen ähnelt dem der silberblättrigen Ölweide. Sie vertritt in Amerika unseren einheimischen Sanddorn.

Als Standort sagt ihr sandiger, frischer Boden und eine verhältnismäßig offene Lage am besten zu. Zur Heckenpflanzung ist eine Entfernung von etwa 50 cm zu empfehlen, im freien Stande entsprechend der Entwicklung der Sträucher mehr.

Da die Blüten auch im Innern des Strauches stehen, kann man die Hecke unter Umständen einem ziemlich strengen Schnitt unterziehen, ohne zu starken Ernteausfall befürchten zu müssen.

Die weitere Pflege besteht nur darin, daß man zu dicht stehende Triebe auslichtet und, wenn die Pflanzen unten zu kahl werden, rechtzeitig verjüngt.

Die etwa erbsengroßen, ovalen, korallenroten Steinfrüchte reifen schon frühzeitig (Juni/Juli). Sie sind recht zierend, schmecken säuerlich und können vielseitig verwertet werden. Vor allen Dingen geben sie ein schön aussehendes Gelee.

Im Gegensatz zur Silberblättrigen Büffelbeere hat die **Kanadische Büffelbeere**, *Shepherdia canadensis* Nutt., die nur $2^{1}/_{2}$ m hoch wird und Halbschatten liebt, keine verwertbaren Früchte.

Die Vermehrung der Büffelbeere wird bei größerem Bedarf an Pflanzen durch die Frühjahrsaussaat der nach der Reife sofort eingeschichteten Samen vorgenommen. Geringerer Bedarf ist durch das Ablegen junger Triebe im Juni bequemer zu decken.

Die Bienen besuchen die Nektar spendenden Blüten gern.

Schlehe, *Prunus spinosa* L. (Fam. *Rosaceae*).

Der botanische Name stammt vom griechischen prunos, mit dem verwandt pruina = Reif ist, weil bei allen Prúnus-Arten die Früchte eine Wachsschicht von reifartigem Aussehen besitzen. Spinósa kommt vom Lateinischen spina = Dorn, dornig, stachelig ist der Superlativ davon und nimmt Bezug auf die starke Bewehrung der Pflanze, auf die ja auch die deutschen Bezeichnungen Schlehdorn, Dornschleh, Schwarzdorn (der Fruchtfarbe wegen) hindeuten. Ferner kennt man auch noch Namen wie: Effken, Krietschpflaume, Schliehe, Schlinken u. a. Das Wort Schlehe soll mit dem altbulgarischen sliva = Pflaume (wie in Slibowitz = Zwetschenbranntwein enthalten) und dem lateinischen lividus = bläulich wurzelverwandt sein, was dann die „blaue" Frucht bedeutete. Es ist aber auch möglich, daß es auf das niederländische slee = Stumpf bzw. sleeuv = sauer, herb, zurückzuführen ist, was heißen würde: eine die Zähne stumpf machende Frucht.

Mittelhohe Hecken

Die S c h l e h e ist einer der ersten Frühlingsblüher, deren kleine, weiße Blüten noch vor den Blättern erscheinen. Die Dornen der Pflanze deuten auf einen Schutz gegen Verdunstung hin. Die Ansprüche der Schlehe an Bodenfeuchtigkeit sind auch tatsächlich äußerst bescheiden.

Auf trockenem, steinigem Boden in sonniger Lage ist der Strauch an Wegen, in Hecken, an Waldrändern, als Unterholz in lichten Wäldern und auch auf wüsten Plätzen anzutreffen. Er gedeiht in der Ebene sowohl wie im Hügelland. Die Schlehe übertrifft an Anspruchslosigkeit an den Boden noch den Weißdorn. Je trockener der Boden ist, um so kalkhaltiger liebt sie ihn. Abgesehen von ausgesprochen feuchten Stellen kann man die Schlehe überall anpflanzen.

Der Strauch wächst sparrig und verzweigt sich sehr. Die Seitenzweige stehen fast rechtwinklig und enden in einem scharfen Dorn. Die dunkelbraune Rinde umhüllt braunrötliches, hartes Holz. Die Blätter sind klein und kurz gestielt, die Blüten rein weiß, einzeln oder zu zweit stehend, auch in dichter Büschelung auf kurzen, unbehaarten Stielen. Da sie in großen Massen und noch vor den Blättern erscheinen, sieht der Strauch in der Blüte fast über und über weiß aus.

Er erreicht eine Höhe von 2—4 m und wird ziemlich dicht. Die Breite beträgt 1—2 m. Man kann ihn verhältnismäßig schmal ziehen, doch muß der Schnitt von Anfang an ausgeführt werden, da die Schlehe den Schnitt ins ältere Holz nicht verträgt.

Die langen, tiefgehenden Wurzeln der Pflanze halten das Erdreich an Abhängen gut zusammen. Die Schlehe läßt sich deswegen auch zur Befestigung von Böschungen verwenden. Andererseits können die Wurzeln, da sie Ausläufer bilden, am Ackerrand unangenehm werden. Durch Ausheben von Muldengräben kann man sich aber etwas gegen die Ausläufer schützen.

Während die Blüte im März, April (unter Umständen) bis Mai erscheint, trifft die Fruchtreife mit den ersten Herbstfrösten im September/Oktober zusammen. Man verwendet die Früchte gewöhnlich erst, nachdem sie Frost bekommen haben, da hierdurch ein Teil ihrer Herbheit verlorengeht.

Da der Strauch nur langsam wächst — er ist mit 20 Jahren erst ausgewachsen —, kann man verhältnismäßig eng pflanzen, etwa in einem Abstand von 50 bis 100 cm.

Die Schlehe sollte möglichst nicht zur Einfriedigung von Obstgärten verwendet werden, weil sie von einer ganzen Reihe auch auf Obstbäumen anzutreffenden Schädlingen befallen wird: Pflaumengespinstmotten *(Hyponomeuta padellus* u. *H. evonymelius),* Baumweißling *(Aporia crataegi),* Goldafter *(Euproctis chrysorrhoea),* Pfirsichmotte *(Anarsia lineatella)* und Pflaumenwickler *(Laspeyresia funebrana).* Außerdem kann sie Überträger der Zwetschenschildlaus sein. Die Hasen, die die jungen Zweige des Strauches lieben, finden sich gerne bei der Schlehe ein.

Mittelhohe Hecken

Abb. 13 Schlehe

Nach dem Anwachsen ist, abgesehen von einem Schnitt, keine weitere Pflege notwendig. Besondere Düngung erübrigt sich der weitreichenden Wurzeln und der Anspruchslosigkeit der Pflanzen wegen.

Die Blüten geben einen blutreinigenden Tee und ein leichtes Abführmittel. Sie sind magenstärkend. Der Aufguß aus Blüten und Blättern wird zur Blutreinigung getrunken, besonders bei Hautunreinigkeiten.

Mittelhohe Hecken

Die Früchte der Schlehe werden u. a. mit Essig oder Zucker und Gewürz eingemacht und gern zu Rindfleisch als Beilage gegeben. Durch Zusatz von Essig oder Zucker kann man den frischen Früchten die Herbheit nehmen. Man kann aus den Früchten auch ein gutes Gelee (sie gelieren schnell), Mischmarmeladen und einen aromatischen Saft herstellen, ebenso wie guten Süßmost.
Die Schlehenfrüchte lassen sich gut dörren. Gedörrt oder auch frisch werden sie bei Magenschwäche und anderen Magenbeschwerden verwendet.
Die Pflanze bietet den Vögeln wohl keine Nistgelegenheit, da sie keine Astquirle bildet, dafür aber, ihrer Dornen wegen, eine gute Sicherung. Die Früchte dienen größeren Vögeln zur Nahrung. Der Strauch bildet eine gute Wilddeckung.
Die Bienen finden in der Schlehe einen durch die frühe Blütezeit doppelt willkommenen Nektar- und Pollenspender.
Die Schlehe ist also trotz der Nachteile, die sich in der Ausläuferbildung und der Anfälligkeit schädigenden Tieren gegenüber zeigen, eine zweifellos wertvolle Pflanze, die auch mit Erfolg eine schützende Hecke liefert.
Der Bedarf an Saatgut ist schwer zu decken.
Wenn man noch nicht ganz ausgereifte Früchte der Schlehe erntet, die Samen (es wiegen 1000 etwa 900 g) sofort vom Fruchtfleisch säubert und anschließend aussät, kann man mit 100 %igem Aufgang rechnen. Das ist neben dem Aufpflanzen von Ausläufern die einfachste und schnellste Art der Vermehrung.
Von dem schwächeren Reisig der Schlehen gebrauchen die Gradierwerke größere Mengen. Geradegewachsene, schwache Triebe werden zu Spazierstöcken verarbeitet, und das feinmaserige, dabei sehr harte und zähe Holz liefert in seinen stärkeren Stücken Material für den Drechsler.

Traubenkirsche, *Prunus padus* L. (syn. *Cerasus padus Delarbre, Padus avium* Mill.) und *P. serotina* Ehrh. (syn. *P. virginiana* L. p. p., *Padus virginiana* Mill., *Padus serotina* Borkh.) (Fam. *Rosaceae*).

Für die T r a u b e n k i r s c h e gibt es eine ganze Reihe deutscher Namen: Ale, Albaum, Ahlkirsche, Alexbaum, Alsenbeere, Elsen, Elsbeer-Kirsche-Baum, Elsebeer, Elexen-, Elzbeer-, Olandbaum und auch (falscher) Faulbaum. Zu verwechseln sind beide Faulbaumarten wohl im ersten Augenblick, denn bei beiden sind die Beeren etwa gleich groß und auch schwarz; sie stehen aber beim echten Faulbaum nicht in Trauben, sondern nur zu 2—5 beisammen.
Das Wort padus, aus dem griechischen pados, pedon bedeutet Baum, dessen Holz zu Rudern, Wagenachsen, Pflügen gebraucht wird, weist also auf die Verwendung des Holzes hin. Serotina, vom lateinischen sero = spät, spätblühend, nimmt Bezug auf die Blütezeit, die später als bei den anderen Arten liegt.
D i e T r a u b e n k i r s c h e ist ein verhältnismäßig anspruchsloses Gehölz, das sowohl feuchten, festen als auch leichteren Boden, ja sogar Sandboden verträgt. Sie wächst am besten auf mineralkräftigen, frischen Böden.

Mittelhohe Hecken

Abb. 14 Traubenkirsche

Da sie auch im Halbschatten gedeiht, ist sie sehr viel als Gebüsch in Wäldern, in Gebirgstälern und auch in Flußniederungen anzutreffen. Fast in ganz Europa zu Hause, steigt die Traubenkirsche in den Alpen bis zu etwa 2000 m Höhe. Angebaut finden wir sie in Anlagen und Gärten, wo sie besonders der reichen Blüte wegen als Zierpflanze Verwendung findet.

Die langen, hängenden, stark bittermandelähnlich duftenden Blütentrauben stehen am Ende von Kurztrieben und erscheinen im April/Mai.

Die elliptischen bis verkehrt eiförmigen Blätter sind 6—12 cm lang, auf der Oberseite grün, unten bläulichgrau und scharf gesägt. Sie erinnern stark an die normalen Kirschblätter.

Mittelhohe Hecken

Es gibt eine strauch- und eine baumartige Form. Die Pflanze erreicht dabei eine Höhe bis zu 10 m und darüber, bei einer Kronenbreite von 4—6 m. Die Stämme weisen vereinzelt einen Durchmesser von etwa 0,50 m auf. Im allgemeinen ist die Traubenkirsche aber ein Strauch. Sie hat ein starkes Ausschlagsvermögen, so daß man sie ohne Nachteil herunterschneiden kann. Wie die meisten Prunusarten treibt sie leicht unterirdische Wurzelschosse. Vor diesen kann man sich, wie bei der Schlehe, durch Anlage von Muldengräben schützen.

Die Traubenkirsche ist in der Jugend raschwüchsig. Sie erreicht ein Alter von etwa 50—60 Jahren und entwickelt tief angesetzte, dichtbelaubte Kronen.

Aus Nordamerika wurde eine Spätblühende Traubenkirsche, *Prunus serotina* Ehrh., eingeführt. Sie blüht erst Ausgang Mai bis Anfang Juni. Die Blütenstände sind kürzer als die der Ahlkirsche und stehen aufrecht, zuletzt nickend. Die späte Traubenkirsche entwickelt sich bis zu einer Höhe von 30 und mehr Metern. Sie wird außerdem breiter (6—8 m), weil ihre Äste flacher wachsen. Die Blätter sind schmaler als die der Ahlkirsche, dabei dunkelgrün, glänzend, lorbeerartig und bieten der Verdunstung größeren Widerstand. Deshalb kommt die Pflanze noch auf magerstem Boden vor. Im Gegensatz zur erstgenannten Traubenkirsche steigt sie nicht so hoch hinauf, doch verträgt sie wie diese Sonne und auch Halbschatten. Sie läßt sich gut schneiden. Die Früchte sind etwa erbsengroß und färben sich von grün über rot zu schwarz. Sie schmecken schwach bitter und sind in der Verarbeitung wertvoller als die von *P. padus*.

Eine dritte Art, die Virginische Traubenkirsche, *Prunus virginiana* L. (syn. *Padus virginiana* Borkh., *Padus nana* Borkh., *Padus rubra* Mill., *Prunus nana* Du Roi), ist der vorgenannten ähnlich, doch wächst sie häufiger als jene strauchartig. Trotzdem wird sie bis zu 10 m hoch. Sie treibt viele Ausläufer.

Die Früchte der Trauben- oder Ahlkirsche sind glänzend schwarz, etwa erbsengroß, mit einem kleinen Stein im Inneren und reifen etwa Ende Juli. Sie schmecken etwas unangenehm süß-säuerlich.

Heckenpflanzung ist des starken Ausschlagsvermögens wegen gut möglich. Es werden Entfernungen von 1 m Abstand und darüber gewählt, die Pflanzen nach dem Setzen scharf zurückgeschnitten und in der ersten Zeit gut feuchtgehalten, bis sie angewachsen sind.

An den Nährstoffgehalt des Bodens stellt die Traubenkirsche, wie schon erwähnt, nur geringe Ansprüche.

Die Samen gleichen im Geschmack bitteren Mandeln. Man kann sie getrocknet und gestoßen zu Mandelmilch verwenden. In manchen Gegenden werden sie gebrannt und dann als Kaffee-Ersatz gebraucht. Es läßt sich daraus aber auch Öl gewinnen.

Mittelhohe Hecken

Die Früchte der erstgenannten Traubenkirsche werden in manchen Gegenden mit Salz bestreut genossen. Der Saft findet Verwendung zur Herstellung von Essig. Ferner kann man die Früchte zu Mus einkochen und sie in geringen Mengen mit anderem Obst mischen. Des bittersüßen Geschmackes und des Blausäuregehaltes wegen ist der Genuß größerer Mengen dieser Früchte aber nicht zu empfehlen, da sich sonst Kopfschmerzen, Erbrechen usw. einstellen können. Die Beeren werden von den Vögeln gern angenommen (besonders von Krähen, Drosseln, Rotschwänzchen und Grasmücken). Die Bienen befliegen die Blüten des Nektars und des Pollens wegen.

Da *Prunus padus* häufig von Blattläusen befallen wird und auch unter dem Fraß anderer Schädlinge leidet, die gleichzeitig Obstbäume befallen, wie der Apfelbaumgespinstmotte *(Hyponomeuta malinellus)*, dem Baumweißling *(Aporia crataegi)*, der Ebereschenmotte *(Argyresthia conjugella)* und besonders der Kirschfruchtfliege *(Rhagoletis cerasi)*, ist ihre Anpflanzung um und in Obstanlagen nicht anzuraten.

Die einfachste Vermehrung des Strauches ist die durch Aussaat des nach der Ernte oder im Herbst eingeschichteten Saatgutes im Frühjahr (März/April). Es wiegen von *P. padus* 1000 Samen 45 g, während die von *P. serotina* fast doppelt so schwer sind. Nicht eingeschichtet liegt der Samen ein Jahr über. Man kann aber auch, je nach Art, durch Ableger, Ausläufer (virginiana), Grundsprosse oder Stecklinge vermehren.

Das Holz der Traubenkirsche ist leicht, weich und fest, zähbiegsam und nimmt die Politur gut an, so daß es bei Schreinern und Drechslern sehr beliebt ist. Die Ausschläge kann man als Flechtmaterial und zu Reifen verwenden. Eine grüne Farbe liefert das Innere der Rinde. Als Möbelholz ist *P. serotina* noch beliebter.
Es besteht ein verhältnismäßig großer Bedarf an Saatgut.

Weißdorn, *Crataegus laevigata* D C. (syn. *C. oxyacantha* L.) und *C. monogyna* Jacq. (Fam. *Rosaceae).*

Der W e i ß d o r n , auch Hag-, Hage-, Heck-, Hecken-, Mehldorn und Mehlfäßchen genannt, bekam seinen botanischen Namen vom griechischen krataios, das fest, stark bedeutet, und dem aix, aigos = Ziege. Er heißt also wohl Kraftfutter für Ziegen (?). Oxyacantha von oxy = scharf, sauer und akantha = Dorn, will das Scharf-dornige des Strauches betonen. Die andere Bezeichnung: monogyna, aus mono = einzig, allein und gyne = Weib zusammengesetzt, weist auf die Eingriffeligkeit der Art hin.

Gute tiefgründige Böden geben dem Weißdorn die besten Wachstumsbedingungen, bei möglichst sonniger oder halbschattiger Lage. Zu leichte Böden verträgt er nicht, und im Schatten kommt er nur in verhältnismäßig geringem Maße zur Blüte. Gegen zu hohes Grundwasser ist der Weißdorn empfindlich. Auf ärmeren Böden ist ein gewisser Kalkgehalt gut.

Mittelhohe Hecken

Sein Verbreitungsgebiet erstreckt sich über ganz Europa. Er meidet nur den hohen Norden und Gebirgslagen ab etwa 900 m Höhe. Er kommt auch häufig als Unterholz in Wäldern der Ebene und des Hügellandes vor. Der Weißdorn siedelt sich ebenfalls gern an Hängen und Waldrändern an. Als Hecke und als Gebüsch wird er viel angepflanzt.

Aus den zahlreichen Weißdornarten bzw. -sorten treten einige als besonders wertvoll hervor.

Der verbreitetste unter ihnen ist der G e m e i n e W e i ß d o r n , *Crataegus laevigata*, dessen Äste meist ausgebreitet bogig überhängen und in der Jugend und freistehend dornig sind. Die Dornen verlieren sich bei älteren Pflanzen und an schattigem Standort.

Dieser Weißdorn wächst strauch- und auch baumartig und erreicht eine Höhe von meist 2—6 m, bei einer Breite von etwa 3 m.

Die Äste sind vollkommen mit kurzen Zweigen bekleidet, die im Mai und Juni von doldentraubigen, weißen Blütenbüscheln umgeben sind.

Der E i n g r i f f e l i g e W e i ß d o r n , *Crataegus monogyna*, unterscheidet sich von dem erstgenannten u. a. durch seine spitzeren und tiefer gelappten Blätter, die um 14 Tage später einsetzende Blütezeit und durch seine nur eingriffligen Blüten bzw. einsamigen Sammelfrüchte. Er steigt höher hinauf als der Gemeine Weißdorn, in Oberbayern bis etwa 1270 m.

Als dritter Vertreter sei C a r r i e r s W e i ß d o r n , *Crataegus x lavallei* Herincq. (syn. *C. x varrierei* Vauvel) genannt. Seine lederartigen, glänzenden Blätter und großen, breiten Blütenstände, an denen sich im Herbst kirschengroße, gelbrote Früchte bilden, wirken sehr zierend. Da er nicht so häufig wie die vorgenannten Arten von Ungeziefer befallen wird, ist sein Anbau auch zu empfehlen.

Weiterhin für den Anbau in Frage kommen *C. × prunifolia* Pers. (syn. *C. crusgalli × C. succulenta, Mespilus prunifolia* Lam.), der K i r s c h b l ä t t r i g e D o r n , der neben einer schönen Herbstfärbung auch Eigenschaften besitzt, gut für die Anlage von Hecken geeignet zu sein, der große, 12 mm dicke Früchte liefernde *C. crus-galli* L., H a h n e n s p o r n d o r n , der S c h w a r z f r ü c h t i g e W e i ß d o r n , *C. nigra* Waldst. et Kit., dessen schwarze Früchte, die etwas weicher sind als die der anderen Arten, gerne verarbeitet werden, und der *C. azarolus* L., der sogar eine 2 cm dicke, gelb bis orange aussehende, apfelartig schmeckende Frucht besitzt. In kalten Lagen ist er aber nicht ganz winterfest.

Der Weißdorn trägt rote, kugel- oder eiförmige, erbsengroße Sammelfrüchte, die im September und Oktober reifen. Die Früchte des gewöhnlichen Weißdorns enthalten 2-3 Steinkerne. Das Fleisch der Früchte ist weiß und schmeckt süßlich-mehlig und etwas herb. Das Herbe deutet auf seine gelind zusammenziehende Wirkung hin.

Da ältere Pflanzen nur schwer anwachsen, sollte man nur junges Pflanzenmaterial wählen. Als Pflanzzeit kommt besonders das Frühjahr in Frage.

Mittelhohe Hecken

Der Weißdorn ist gegen Schnitt wenig empfindlich. Man kann ihn bei sonnigem Standort vollkommen herunterschneiden, ohne daß er darunter leidet. Nur dauernden Verbiß des Austriebes verträgt er nicht.
Gegen Funkenflug an der Bahn sind die Pflanzen wenig empfindlich. Deswegen findet man sie dort angepflanzt, vielfach aber auch gegen Schneewehen. Die Heckenpflanzung erfolgt gewöhnlich einreihig, seltener zweireihig. Dann aber pflanzt man auf Lücke, bei einreihiger Pflanzung etwa 3, bei zweireihiger etwa 6 Pflanzen auf den laufenden m, als Schutzpflanzung an Bahndämmen und Stellen, wo auch kleinere Tiere nicht durchdringen sollen. Für das Früchteernten ist die einreihige und entsprechend weitere Pflanzung mit mindestens 50 cm Zwischenraum von Pflanze zu Pflanze zu wählen.

Abb. 15 Weißdorn

Nach 2—3 Jahren werden die Triebe kurz geschnitten, bis auf 10 cm Höhe über dem Boden. Die Hecke wird dadurch schon von unten an sehr dicht, besonders wenn man die sich bildenden Ruten noch ineinanderflicht. Die weitere Pflege erschöpft sich im regelmäßigen Zurückschneiden, besonders anfangs. Pflanzen zur Fruchtgewinnung kürzt man später nicht mehr so ein und lichtet zu dicht stehende Zweige aus.

Mittelhohe Hecken

Der Weißdorn läßt sich sehr gut als streng geschnittene niedere oder höhere Hecke ziehen, ebenso wie als mittelhohe, sich frei entwickelnde, buschartige Reihe. Seine Wurzeln kann man ohne Schaden für die Pflanzen abstechen, wenn sie zu weit greifen. Sie saugen den Boden nicht sehr aus.

Übermäßige Düngung ist nicht am Platze, damit das Wachstum nicht auf Kosten der Blütenbildung zu sehr angeregt wird.

Die Früchte können zur Herstellung von Kompott, Gelee und Marmelade verwendet werden, als Futter für Schweine, für Truthühner, Amseln und andere größere Vögel. In manchen Gegenden verbäckt man sie ins Brot.

Die Samen werden auch wohl als Kaffee-Ersatz verwendet.

Daneben haben Blätter, Blüten und Früchte der beiden heimischen Weißdorn-Arten pharmazeutischen Wert als Stopfmittel bei Durchfall, Beruhigungsmittel bei nervösen Beschwerden, als Tee bei Lungenerkrankungen und als Herzmittel.

Der Weißdorn ist eine der beliebtesten Pflanzen zur Anlage von Wildgehegen und Vogelschutzgehölzen, in Verbindung mit anderen Gehölzen. Da er gut sichtbare Ringelaugen bildet, kann man durch geeigneten Schnitt die schönsten Nestquirle für Freibrüter hervorrufen.

Durch seine starke Bewehrung bietet der Strauch den Vögeln einigen Schutz gegen Raubzeug. Drosseln, Amseln, Krähen, Häher und andere Vögel verzehren die Früchte. Auch als Bienenweide hat der ungefüllt blühende Weißdorn einige Bedeutung. Er liefert Nektar und Pollen.

Die vollkommen undurchdringlich werdenden Weißdornhecken schützen eine eingehegte Fläche sehr gut. Leider wird die Pflanze aber von einer ganzen Reihe von Schädlingen heimgesucht, die durchweg auch an Apfelbäumen auftreten. Zu nennen wären Apfelwickler *(Carpocapsa pomonella)*, Gespinstmotte *(Hyponomeuta sp.)*, Baumweißling *(Aporia crataegi)*, Blutlaus *(Eriosoma lanigerum)*, Goldafter *(Euproctis chrysorrhoea)* und Ebereschen- oder Apfelmotte *(Argyresthia conjugella)*. Aus diesem Grunde ist der Weißdorn zur Einfriedigung von Obstgärten weniger zu empfehlen.

Die Vermehrung des Weißdorns, soweit es sich um reine Arten handelt, geschieht am einfachsten durch Samen, der sofort nach der Reife ausgewaschen und eingeschichtet werden muß. Ins Freiland ausgesät wird er erst im übernächsten Frühjahr. Er geht dann, außer bei *C. monogyna,* von dem 1000 Samen 55 g wiegen, trotzdem zum größten Teil nicht im selben Jahre auf, sondern liegt nochmals 1—2 Jahre über. Sollen besondere Formen verwendet werden, dann muß man veredeln, wobei nur die Okulation in Frage kommt. Mit 100 %igem Anwachsen ist allerdings nicht zu rechnen.

Das Holz ist hart, zäh, schwer. Es läßt sich schlecht spalten. Man verwendet es vielseitig. Besonders gesucht von Wagnern, Maschinenbauern und Werkzeugfabrikanten ist das des *C. monogyna.* Aus den schwächeren Trieben werden „falsche Ziegenhainer" hergestellt. Das Strauchwerk gebrauchen die Gradierwerke.

Mittelhohe Hecken

Ölweide, *Elaeagnus multiflora* Thunb. (syn. *E. edulis* Carr, *E. longipes* A. Gray) (Fam. *Elaeagnaceae*).

Der botanische Name der Ö l w e i d e , die im Deutschen in der Hauptsache nur diesen Namen trägt, ist abgeleitet worden vom Griechischen elaios = Ölbaum und agnos = keusch, also ein Gehölz, das die Keuschheit begünstigt. Als Obstgehölz ist die Ölweide weniger bekannt. Als Zierpflanze wird sie aber in verschiedenen Sorten angepflanzt.

Die Ölweide stellt keine besonderen Bodenansprüche, gedeiht aber auf lokkerem, sandigem, mäßig feuchtem Boden am besten.

Meist wächst sie strauchartig. Aber kleine Baumformen, die bis 8 m hoch werden können, kommen auch vor.

Die anfangs silberschuppigen, später glänzend rotbraunen Zweige verdornen bei einzelnen Arten. Sie tragen graugrüne, unterseits silbrige Blätter von eiförmig lanzettlicher Gestalt.

Die kleinen gelben, im April und Mai erscheinenden Blüten stehen zu zweien oder dreien beisammen. Meist sind sie zwittrig.

Die länglichen Früchte stellen eine einsamige Scheinbeere dar. Sie sind rotgelb bis rot und von derbem Geschmack. Bei Vollreife fallen sie leicht ab. Ihre Reifezeit liegt je nach Sorte im Juli oder später.

Als einzige Art für den Fruchtertrag kommt die L a n g g e s t i e l t e Ö l w e i d e , *Elaeagnus multiflora* Thunb., in Frage.

Sie ist ein 1—2 m hoher Strauch, dessen blaßgelbe Blüten im Mai erscheinen. Die etwa 1½ cm langen, dunkelroten Früchte reifen im Juli.

Die Ölweide wird durch Aussaat der sorgfältig gewaschenen und anschließend eingeschichteten Samen im Frühjahr, wenn das Saatgut zu keimen beginnt, vermehrt. Gekaufter Samen, der nicht aus dem gleichen Jahr stammt, liegt gewöhnlich ein Jahr über. Ist kein Saatgut vorhanden, wohl aber älteres Pflanzgut, dann kann auch die Vermehrung durch Ableger, sowie krautige oder reife Stecklinge erfolgen .

Man kann die Langgestielte Ölweide, da sie nicht so groß und breit wird, verhältnismäßig eng setzen, 50—100 cm. Sie gibt eine schöne, gedrungen wachsende Pflanzung ab.

Die Pflege besteht nur im Ausschneiden zu dicht stehender Teile und im eventuellen Verjüngen.

Die Früchte werden selten roh gegessen. Man verarbeitet sie allein oder mit anderen Früchten zusammen zu Gelee und Marmelade.

Die Bienen befliegen die wohlriechenden, Nektar spendenden Blüten gern.

Wacholder, *Juniperus communis* L. (Fam. *Cupressaceae*).

Der W a c h o l d e r ist eine uralte heimische Pflanze, die im Althochdeutschen wehhal = lebensfrisch, kräftig, immer grün, im Mittelhochdeutschen quec = lebendig, munter hieß. Hildegard von Bingen sagt wakalter. Ter oder tree

Mittelhohe Hecken

bedeutet Baum. Es gibt eine ganze Reihe deutscher Namen, die heute noch ähnlich lauten, wie Machangel, Machandel, Wäck-, Reckholder. Das W wurde häufig in M umgebildet. Kranewitt, mhd. verkürzt kranwitt, heißt Kranichholz. Der Krammetvogel ist eigentlich der Wacholdervogel. Weitere Namen sind noch Nadelbaum, Kaddik, Einbeerenstrauch, Knirkbusch, d. h. verkrüppelt, knorrig.

Die botanische Bezeichnung *Juniperus* ist abgeleitet von juvenis = Jüngling, Mädchen und parere = gebären, wegen seiner Wirkung als Abortivum. Sie kann aber auch auf das Keltische jenprus = rauh, dornig zurückgeführt werden, oder auf das lateinische juniore parere = jüngeres gebären, weil schon jüngere Früchte da sind, ehe die alten, die 2 Jahre zur Reife gebrauchen, reif sind. Der W a c h o l d e r ist einer der wenigen immergrünen, heimischen Heckenpflanzen. Er liebt, was schon seine Nadeln anzeigen, trockenen, sandigen Untergrund. In rauher, gebirgiger Lage gedeiht er noch gut und wächst selbst auf sumpfigem Moorboden. Er stellt also keine besonderen Bodenansprüche. Der Boden möchte aber kalkarm oder sauer sein.

Sein Verbreitungsgebiet erstreckt sich über die ganze nördliche gemäßigte Zone. Wenngleich er in der Hauptsache sonnigen Standort liebt, verträgt er doch mäßigen Schatten, wie er sich z. B. in lichten Kiefernwäldern findet.

Der Wacholder wächst sehr langsam und erreicht ein hohes Alter. Er kann 3—4, selten bis 10 m hoch und 1—3 m breit werden. Man unterscheidet drei Wachstumsformen: Einmal die Strauchform oder Buschform *(forma frutescens)*, dann die Baumform, senkrecht wachsend mit waagerechten Zweigen *(forma abietiformis)* und die Zypressenform *(forma cupressiformis),* die sich mit senkrechtem Stamm und dicht anliegenden, aufrechten Ästen aufbaut.

Der großfrüchtige P f l a u m e n w a c h o l d e r , *Juniperus drupacea* Labill. (syn. *Arceuthos drupacea* Ant. et Kotschy), bedarf in rauheren Lagen eines gewissen Schutzes. In Griechenland, wo er viel vorkommt, wird die sich schön pyramidenförmig aufbauende Pflanze etwa 12 m hoch. Sein Beerenzapfen ist pflaumenartig oval und bis 25 mm lang. Er besteht aus 6—8 fleischigen Schuppen, die braun und mit bläulichem Duft überzogen sind, und kann roh oder eingekocht sowie als Mus gegessen werden.

Der Wacholder ist meist zweihäusig, d. h. also, daß die weiblichen Laubknospen ähnlichen Blüten und die mit schildförmigen Staubblättern ausgestatteten gelben, $1/2$ cm langen männlichen Blüten nicht auf ein und derselben Pflanze zu finden sind. Interessant ist, daß die Fruchtschuppen der weiblichen Blüten nach der Bestäubung fleischig werden, miteinander verwachsen und zu einem drei holzige Samen enthaltenden Beerenzapfen, der sogenannten Wacholderbeere, verschmelzen.

Die Blätter sind sehr schmal, dunkelgraugrün und stechend spitz. Ihre Länge beträgt nur 1—2 cm. Sie stehen steif ab und sitzen in dreizähligen Wirteln beisammen, die durch deutliche Abstände getrennt sind.

Die Blütezeit ist April—Mai.

Mittelhohe Hecken

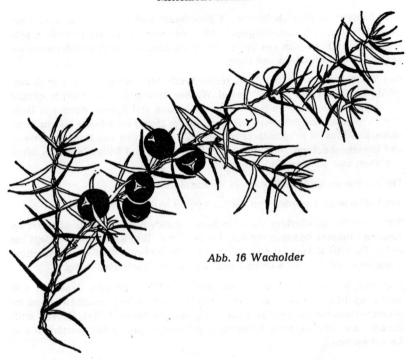

Abb. 16 Wacholder

Die Zweige der Pflanze sind dünn, rutenförmig und verästeln stark. Die kugeligen Beerenzapfen entwickeln sich an vorjährigen Zweigen. Sie reifen erst im zweiten Jahre etwa von Juli bis Oktober und sehen dann dunkelblau bereift aus.

Zur H e c k e n p f l a n z u n g wird man etwa 2 Pflanzen je laufenden Meter nehmen. Die Pflanzen sind nach dem Einsetzen gut einzuschlämmen und in der ersten Zeit regelmäßig zu wässern, da sie sonst verdursten. Eine Bodenabdeckung ist ihnen besonders angenehm, da sie selbst an ihrem ursprünglichen Standort durch das Abfallen der Nadeln eine solche schaffen.

Der Wacholder läßt sich gut schneiden und bildet schöne Hecken, die verhältnismäßig dicht werden. Wie die meisten unserer hier erwähnten Gehölze läßt sich die Pflanze sehr vielseitig verwenden.

Die rohen Beerenzapfen läßt Kneipp bei Magenschwäche und Leberleiden kauen. Der Absud wird gegen Rheuma, Gichtleiden und Wassersucht getrunken, ist aber bei Nierenleiden schädlich.

Wacholderbeerenpulver ist ein Bestandteil der Viehpulver.

Bei Auftreten von ansteckenden Krankheiten soll man der Ansteckung durch Räuchern und Kauen der „Beeren" vorbeugen können.

Hohe Hecken

Die „Beeren" werden als Würze an Sauerkraut und Braten getan, besonders an Wildbraten. Ein blutreinigendes Mus, das auch als Zusatz zu Bädern verwendet wird, kann man aus ihnen gewinnen, ebenso wie Wacholderbeerwasser, Wacholderbeersirup und Essig.

Das Wacholderbeermus wird aus reifen Wacholderbeeren, die man grob zerstößt, bereitet. Dann kommt soviel Wasser darauf, daß die Früchte gerade davon bedeckt sind. Man läßt $1/2$ Stunde kochen und filtriert durch ein Tuch. Der durchgelaufene Saft wird mit Zucker oder Honig eingekocht bis zur Musdicke. Das Mus ist magenstärkend, vertreibt Blähungen und fördert Schweiß- und Urinabsonderung. Man gibt einen Löffel Mus zu 3 Eßlöffeln gutem Wein vor Tisch und vor dem Schlafengehen.

Für die Bienen sind die Blüten als Pollenträger wertvoll.

Wacholderbeeren werden von vielen Vögeln gern gefressen.

Zur Vermehrung schichtet man die Samen gleich nach der Reife ein, erst im zweiten Frühjahr kommen sie aufs Freilandbeet. Ihre Keimfähigkeit liegt um 50 %. Da 1000 Korn 75 g wiegen, sind in 100 g etwa 1300 Samen enthalten. Stecklinge und Abrisse werden eigentlich nur bei Varietäten nötig.

Das zwar weiche, dabei aber feste und zähe Holz ist sehr dauerhaft und schwer spaltbar. Es wird gern zu Drechsler- und Kammacherarbeiten und im Schnitzergewerbe verwendet. Man fertigt daraus Teller, Löffel, Gabeln, auch Becher usw. Die geraden Stämmchen gebraucht man zu Spazierstöcken und Peitschenstielen.

3. Sehr hohe Hecken und baumartige Gehölze

Haferpflaume, *Prunus domestica* ssp. *insititia* Schneid. (syn *P. insititia* L.) (Fam. *Rosaceae*).

Die Bezeichnung insititia bedeutet zum Pfropfen geeignet, aufgepfropft, veredelt.

In verschiedenen Gegenden Deutschlands, aber auch im übrigen Europa, finden wir die H a f e r p f l a u m e , auch Kriechenpflaume, Haferschlehe oder Spilling genannt, in Gebüschen, in Laubwäldern, oftmals auch in Hecken, auf öden Bergfeldern und an anderen Stellen besonders in Süddeutschland.

Ihr Wuchs ist strauch-, seltener baumartig, von mittlerer Höhe. Die Zweige tragen meist Dornen. Die länglichen Blätter sind, besonders unterseits, behaart und haben dunkelgrüne Farbe. Im April oder Mai erscheinen die reinweißen Blüten. Sie stehen zu zweit auf dünnen, fein behaarten Stielen.

Die schwarzvioletten, weißlich bereiften Früchte reifen im September. Sie sind kugelig und etwa zweimal so groß wie die Schlehen. Baumreif schmecken sie säuerlich, werden aber durch längeres Liegen auf Stroh süß.

Hohe Hecken

Man pflanzt diese Schlehe wie die meisten Laubgehölze im Herbst oder Frühjahr. Bei Heckenpflanzung genügt ein Meter Zwischenraum, während man sonst weitläufiger pflanzt, weil die Sträucher bis 7 m hoch werden.
Das Holz ist ähnlich wie das der Pflaume verwendbar.

Holzbirne, *Pyrus communis* L. (syn. *P. domestica* Medik. non Ehrh.) (Fam. *Rosaceae).*

Die H o l z b i r n e verlangt lichten Stand und kräftigen Boden, der nicht zu feucht, aber kalkreich, tiefgründig und lehmig sein möchte. Sie steht besser als Einzelbaum. Meist findet man sie in Laubwäldern der Ebene oder des Vorgebirges in Mittel- und Süddeutschland. Im Nordosten Deutschlands wächst sie auf sonnigen Hügeln und an den Geschiebemergelhängen der Oder oder Warthe.

Die Frucht ist rundlich bis birnförmig mit grüner oder gelber, rot überlaufener Grundfarbe.

Bei 8—10 m Breite erreicht der Baum etwa 60 cm Stammdurchmesser und wird 15—20 m hoch. Die Holzbirne wächst nur langsam.

Die graubraunen Äste enden häufig in Dornenzweigen. Lederartige, dunkelgrüne, glänzende Blätter geben dem Baum ein gesundes Aussehen. Die weiße Blüte erscheint in gipfelständigen, beblätterten Doldentrauben Ende März bis April. Die Sammelfrüchte reifen im September und später. Der Baum ist durch seinen Urwuchs eine Zierde.

Besonderer Pflege oder besonderen Schnittes bedarf die Pflanze nicht. Als Heckengehölz findet sie weniger Verwendung.

Genutzt wird die Frucht erst in teigigem Zustand, nachdem sie vom Baum gefallen ist. Gekocht stellt sie ein adstringierendes Mittel gegen Durchfall dar. Ihr Saft wird zu Sirup eingekocht und als Zucker verwendet. Leider sind die Früchte reich an Steinzellennestern. Vor dem Teigigwerden geben sie einen Saft, der auch als Scheidsaft gebraucht werden kann.

Die Blüten liefern den Bienen Pollen und Nektar, während die Früchte von Rot- und Schwarzwild als Futter angenommen werden. Auch Vögel fressen sie gern.

Vermehrt werden die Holzbirnen durch Samen. Es wiegen 1000 Korn 29 g. Auf 100 g entfallen also etwa 3500 Samen.

Das gern zu Bildhauerarbeiten sowie Holzschnitten verwendete Holz wird auch häufig von Drechslern, Maschinenbauern und Möbeltischlern gesucht, weil es ziemlich hart, kurzfaserig, dabei aber sehr dicht und dadurch fest und zäh ist. Man verarbeitet es zu Furnieren und auch zu „falschem Ebenholz". Seiner Formbeständigkeit wegen stellt man Lineale, Reißschienen, Winkel usw. daraus her. Durch Dämpfen erhält das Holz eine schöne, hellrote Färbung. Als Sperrholz steht es über dem Apfel, unter der Buche.

Hohe Hecken

Hagebuttenbirne, × *Sorbopyrus auricularis* Schneid. *(Pyrus communis* × *Sorbus aria).*

Der Baum stammt aus Bolleville, wo er bis 10 m und darüber hoch wird. Er ist ein Bastard zwischen *Pyrus communis* und *Sorbus aria.* Die etwas fade süß schmeckenden Früchte sind an der Basis verlängert, sehr klein, $2^{1}/_{2}$ cm dick, hellscharlachrot oder gelbrot und birnenförmig. Der Baum ist eine Zierde des Gartens. Er wird durch Veredelung vermehrt.

Holzapfel, *Malus sylvestris* Mill. (syn. *Pyrus malus* L., *P. sylvestris* S. F. Gray non Moench, *Malus communis* Poir.) (Fam. *Rosaceae).*

Das botanische Malus, malum bedeutet Frucht, griechisch melea bzw. melon = Baumfrucht.

Der Holzapfel gedeiht auf allen nicht zu trockenen Böden, bei lichtem Stand und kalkreichem Untergrund. Er liebt lehmige und mergelige Böden und eine gewisse Luftfeuchtigkeit. Man findet ihn an Waldrändern als Unterholz, in lichten Laub- und Kiefernwäldern, Gebüschen, auf Lichtungen, Felsschutt, Lesesteinhaufen, von der Ebene bis zur subalpinen Stufe; sehr viel in Laubmischwäldern. Am häufigsten kommt er in den Küstengebieten Pommerns und Westpreußens vor, auch im Jura, in der Oberrheinischen Tiefebene und in einigen Alpentälern. Er tritt seltener auf als die Holzbirne.

Seine Baumform wird 6—10 m hoch. Als Hochstrauch erreicht er eine Höhe von 2—3 m. Seine Krone setzt tief an und ist sparrig und unregelmäßig. Die Zweige tragen wie die der Holzbirne häufig Dornen. Die Blüten erscheinen im Mai oder Anfang Juni.

Von August bis September reifen die etwa 2 cm großen Früchte. Sie sind rundlich und sauer und werden erst nach einem kräftigen Frost genießbar.

Über seine Pflege und den Schnitt sind keine besonderen Bemerkungen zu machen. Einzelstand ist auch bei ihm der Heckenpflanzung vorzuziehen.

Die Früchte können zu Saft oder Gelee verarbeitet werden. Man nimmt sie auch als Wildfutter. Von Vögeln werden sie gern verzehrt.

Zur Zeit der Blüte wird der Baum von den Bienen fleißig besucht.

Der Holzapfel wird durch Samen vermehrt. 1000 Korn wiegen 30 g. Sie sind also etwa so schwer wie die der Holzbirne.

Das beiz- und polierfähige Holz des wilden Apfels findet im Kunstgewerbe, zur Herstellung von Drechslerarbeiten und Küchengeräten Verwendung. Seine Brennkraft ist nur $^{7}/_{10}$ der der Buche. Aus der Rinde des Apfels bereitete man früher eine gelbe Farbe.

Kirschapfel, *Málus baccáta* Moench (Fam. *Rosáceae).*

Eine der schönsten Zier- und zugleich Nutzgehölze ist der Kirschapfel, auch Crabapfel genannt. Dieses reichblühende Gehölz wurde etwa um die Mitte des vorigen Jahrhunderts aus Japan und verschiedenen anderen Ländern eingeführt. Zumeist handelt es sich um höher wachsende Sträucher, teilweise aber

Hohe Hecken

auch um Bäume bis zu 10 m Höhe, deren Äste fast immer überhängen und dadurch die Schönheit der Blüte besonders hervorheben. Neben einer ganzen Reihe nachträglich gezüchteter oder durch Zufall entstandener Zierformen, deren Wert mehr in der Blüte liegt, werden auch Sorten angeboten, die wirtschaftlichen Wert haben, da ihre Früchte trotz ihrer Kleinheit hervorragend verwertbar sind.

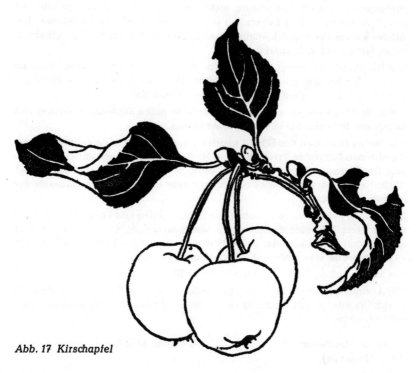

Abb. 17 Kirschapfel

Der Baum ist auch in rauhem Klima, wo der Apfel schon beträchtlich leidet, widerstandsfähig. Als besonders empfehlenswert wären die folgenden Sorten zu nennen: 'Purpurroter Kirschapfel', 'Großer Gelber Kirschapfel', 'Hohenheimer Riessling', 'Roter Riessling', 'Grotz' Liebling', 'Fairy', 'Hyslop' und 'Transcendent'. Was die Güte der Früchte anbelangt, so gibt es weiterhin noch von *M. pumila* 'Niedzwetzkyana', 'Aldenham Purple' mit sehr großen purpurfarbigen Früchten und von *M. robusta* 'John Downie', dessen gelb und rot gefärbte Früchte sich sehr gut zur Musbereitung verwenden lassen. Der kleine, straff aufrecht wachsende *M.* × *scheideckeri (= M. floribunda* × *M. prunifolia)* blüht wohl sehr schön, hat aber für die Verwertung zu kleine Früchte.

Hohe Hecken

Von den Zieräpfeln sei außerdem der **Pflaumenblättrige** *Malus prunifolia* Borkh. und der durch und durch rote **Purpurapfel**, M. × *purpurea* Rehd. (= *M. pumila var. niedzwetzkyana* × *M. atrosanguinea)* genannt. Die einzelnen Formen stammen entweder aus China, der Mongolei, Rußland oder Transkaukasien.

Man zieht die Kirschäpfel meist als wenig geschnittene Sträucher, um die Blütenpracht und die Fruchternte nicht zu schmälern. Sie werden öfter als Einzelpflanze in 5—6 m Entfernung gesetzt, seltener als Heckenpflanze. Die Blätter sind in der Jugend wenig behaart, auf der Oberseite etwas glänzend, dabei fast eirund und scharf gesägt.

Der Kirschapfel blüht mit weißer, weißrosa oder rosenroter Doldentraube im Mai. In der Knospe leuchtet er purpurn. Die Blüten sind im Verhältnis zur Frucht ausnehmend groß und erscheinen in reicher Zahl.

Die mehr oder weniger großen Sammelfrüchte reifen September/Oktober und halten sich teilweise bis in das Frühjahr hinein.

Am besten führt man den Schnitt gleich nach der Blüte aus, da auf diese Weise die sich neu bildenden Triebe bis zum Herbst Blütenknospen entwickeln können. Den strengen Schnitt wird man seltener anwenden, wenngleich bei der Blütenfreudigkeit der meisten Sorten trotzdem mit einigem Fruchtansatz gerechnet werden kann.

Die Früchte liefern ein sehr wohlschmeckendes Gelee und lassen sich sehr gut mit anderem Wildobst zusammen zu Mischmarmelade verarbeiten. Es läßt sich aus ihnen — allein oder in Verbindung mit weniger aromatischen Äpfeln — ein teilweise sehr schön gefärbter Süßmost herstellen.

Die Bienen befliegen den Kirschapfel in der Blütezeit sehr stark.

Die Anzucht der einzelnen Sorten geschieht durch Veredlung, je nach dem, ob es sich um Büsche oder Hochstämme handelt, auf schwach- oder starkwachsender Unterlage.

Schwarze Maulbeere, *Morus nigra* L., und **Weiße Maulbeere,** *Morus alba* L. (Fam. *Moraceae).*

Die **Schwarze Maulbeere** stammt aus Persien, Armenien, dem Kaukasus bzw. Zentralasien. Sie führt nur diesen einen Namen, der von der botanischen Bezeichnung (deren Bedeutung unbekannt ist) entnommen wurde. Ihre Blätter sind rundlich-herzförmig, meist ungeteilt, kurz gestielt, rauh und derb. Die weiblichen Blüten der Schwarzen Maulbeere sind ziemlich dicht und lang behaart.

Die großen, weichen Nußfruchtstände schmecken angenehm süßsauer. Sie sind 30—40 mm lang und 15—20 mm breit. Ihr Aussehen ist das einer besonders langen Brombeere.

Die echte, etwa 10 m hohe, großfrüchtige Schwarze Maulbeere ist fast einhäusig. Es gibt von ihr Bäume mit vorwiegend männlichen und solche mit vorwiegend weiblichen Blüten. Damit sich nicht so viel Kerne in den Früchten bilden, ist die Befruchtung, die nicht notwendig ist, unerwünscht.

Die Ernte muß sehr vorsichtig, ohne starkes Drücken, vor sich gehen.

Die Schwarze Maulbeere eignet sich weniger für Heckenpflanzungen. Man setzt sie mehr als Einzelbaum oder größeren Strauch.

Abb. 18 Maulbeere

Die Pflänzlinge müssen neben dem Rückschnitt der oberen Teile auch an der Wurzel mit scharfem Messer stark eingekürzt werden, wonach man die Wurzeln in Lehmbrei taucht. Die Wurzeln sind fleischig, safrangelb und faulen leicht, besonders, wenn sie schon im Herbst in zu feuchte Erde kommen, deswegen sollte Frühjahrspflanzung vorgezogen werden.

Die reifen Maulbeeren werden zu Kompott, Marmelade und Saft verarbeitet und ihres hohen Zuckergehaltes wegen gern mit anderem Obst gemischt. Ferner kann man Essig und Süßmost daraus bereiten. Sie sind auch roh genießbar. Der dunkelrote Saft färbt stark und wird deshalb mißfarbenen Säften zur Verbesserung ihres Aussehens beigefügt.

Zu beachten ist, daß die Schwarze Maulbeere einen warmen und geschützten Standort verlangt.

Anders die bis 15 m hochwerdende W e i ß e M a u l b e e r e , *Morus alba* L., deren Ansprüche an den Boden wesentlich geringer sind. Leichter, sandiger Boden ist für das rechtzeitige Ausreifen der Triebe am besten, aber nicht unbedingt nötig. Die Pflanze hält selbst die kältesten Winter bei uns aus, wie über 100 Jahre alte Bäume beweisen. Ihre Fruchtstände können, neben weiß, auch rosa und dunkelrot, fast schwarz aussehen, sind aber immer wesentlich kleiner als die der Schwarzen Maulbeere.

Hohe Hecken

Man pflanzt den Baum häufig als Hecke, die man stark beschneiden kann. Ihre sehr süßen, aber etwas fade schmeckenden Fruchtstände enthalten getrocknet etwa 50 % Zucker und helfen deswegen, saures Obst zu süßen.
Die Früchte werden viel von Grasmücken, Finken, Sperlingen, Meisen und größeren Vögeln angenommen.
Die Maulbeere treibt erst im Mai aus und verliert ihre Blätter verhältnismäßig früh. Sie bietet also, was das Laubwerk anbelangt, im zeitigen Frühjahr und Herbst keinen allzu dichten Windschutz.
Zur Vermehrung sät man den nur ein Jahr keimfähig bleibenden Samen Ausgang April, Anfang Mai aufs Freilandbeet. Die Pflänzchen erscheinen schon nach 3—4 Wochen. Der hohen Keimfähigkeit wegen darf nicht zu dicht gesät werden. Engerlinge können an den weichen Wurzeln großen Schaden verursachen. Seltener entwickeln sich Ableger.
Von den Schwarzen Maulbeeren, die nicht echt fallen, wird man im Haus auf eingewurzelten Unterlagen der Weißen Maulbeeren Winterhandveredlungen ausführen. Nicht Gewachsenes läßt sich später durch Okulation nachveredeln.
Die Weiße Maulbeere liefert ein vortreffliches, polierfähiges Nutzholz für Wagner, Büttner, Kunsttischler, Drechsler und für den Bootsbau. Es zählt zu den zähesten und härtesten Hölzern und ist grobfaserig, schwer spaltbar, dauerhaft und fest. Sein Brennwert ist hoch. Die Schwarze Maulbeere hat weniger wertvolles Holz.
Die Blätter der Weißen Maulbeere liefern das Futter für die Seidenspinnerraupen, das Laub der Schwarzen Maulbeere ist infolge seiner Behaarung dafür ungeeignet.

Mispel, *Mespilus germanica* L. (Fam. *Rosaceae*).

Ein in Deutschland leider nur noch wenig anzutreffendes Obstgehölz ist die Mispel, die, besonders in Süddeutschland und ganz Südeuropa, früher viel in Gebüschen, Dickichten, Wäldern und Gärten anzutreffen war. Ihre Heimat ist der Orient, hauptsächlich Kaukasus und Nordpersien.
Das Wort Mespilos setzt sich vielleicht zusammen aus mesos = mitten, in der Mitte, und spilos = Fels, Stein, bedeutet also: mit harten Steinen im Innern. Es kann aber auch zurückgeführt werden auf menos = mitten und pilos = Filz, Knäuel. Dann würde sich die Bezeichnung auf die behaarte Halbkugelform der Frucht beziehen.
Die Mispel wächst strauch- und baumartig und wird in Kultur bis zu 6 m hoch, bei einer Breitenausdehnung von etwa 3 m. Sie ist mit jedem einigermaßen durchlässigen Boden zufrieden. Auf sonnigem Standort und im leichten Schatten gedeiht sie gut, besonders in kalkreichen Böden.
Es gibt verschiedene Sorten von Gartenmispeln. So kennen wir z. B. eine dornenlose Abart, ferner großfrüchtige und kernlose Mispeln, wie die Sorten: 'Großfrüchtige', 'Kernlose', 'Holländische'.

Hohe Hecken

Abb. 19 Mispel

Die Blätter der Pflanzen sind länglich-lanzettlich, fast immer ganzrandig und auf der Unterseite behaart.

Der Wuchs ist sparrig, da die Triebe fast immer als Blüte endigen und eine tiefer seitwärts stehende Knospe dann die Verlängerung übernehmen muß. Die Kulturformen sind gewöhnlich dornenlos.

Hohe Hecken

Die Blüte erscheint erst im Mai, weshalb sie aber auch selten durch Spätfröste geschädigt werden kann. Sie ist reinweiß, mit gelblichem Innern und trägt einen langgespitzten und dicht wollig behaarten Kelch.
Man kann mit regelmäßigem Ertrag rechnen. Die im Oktober reifenden Sammelfrüchte werden nach den ersten Frösten durch Teigigwerden genießbar. Sie sind weich behaart, dunkelgelb bis braun und haben eine rundliche, oben abgestutzte Form, die je nach der Sorte mehr einem Apfel oder mehr einer Birne ähnelt. Sie enthalten 2—5 Samen.
Nach der Pflanzung achte man darauf, besonders bei Veredlung auf Weißdornunterlage, daß sich keine wilden Triebe bilden. Sonst besteht die Pflege nur im Ausschneiden zu dicht stehender Triebe und in der Berichtigung der Form, je nach Art der Pflanzung.
Die Mispel ist zur Heranzucht geschlossener Hecken nicht so zu empfehlen. Man kann sie aber ihres sparrigen Wuchses wegen zu verhältnismäßig dichten, heckenähnlichen Anlagen verwenden, wo sie bei nicht zu scharfem Schnitt willig Früchte trägt, oder sie als nutzbringenden und zierenden Strauch in derartigen Anlagen als Einzelpflanze unterbringen.
Ihres Gerbstoffgehaltes wegen werden die noch nicht „teigig" gewordenen Früchte dem Most und Wein zugesetzt, um dessen Geschmack und Haltbarkeit zu erhöhen. In teigigem Zustand kann man sie roh genießen, zu Kompott verarbeiten oder auf verschiedene Weise einmachen.
Sie ergeben eine gute Marmelade, wobei man sie auch gern mit anderen Früchten mischt, wie: Mahonie, Berberitze, Hagebutte, Eberesche, Heidelbeeren, Äpfel und Birnen. Auch Gelee wird aus den reifen Früchten bereitet, unter Zusatz von etwa $1/3$ Apfelsaft.
Die Mispel bietet den Vögeln günstige Ansiedlungsmöglichkeiten.
Man wird die Mispel kaum durch Aussaat vermehren, sondern nur auf Weißdornsämlinge aufpropfen, wodurch der Ertrag eher einsetzt und die Pflanzen auch haltbarer sind. Das gut getrocknete Holz der Mispel wird seiner Zähigkeit, Dichte und Härte wegen vielfach von Drechslern und Mühlenbauern verwendet.

Elsbeere, *Sorbus torminalis* Crantz (Fam. *Rosaceae).*

Ein der Vogelbeere ähnlicher Baum ist die Elsbeere, die auch Ruhrbirne, Darm-, Adel-, Ortels-, Arbasbeere, Adelsbeer-, Else-, Sperber- und Spierbaum genannt wird. Der Ursprung des Wortes Sorbus ist unklar. Es kann vielleicht von sorbere = schlürfen, schlucken herkommen, wegen des herben Geschmacks der Früchte der meisten Arten oder auch von ihrer Anwendung bei Durchfällen. Auch torminalis, das „bei Ruhr angewendet" bedeutet, spricht dafür.
Die Elsbeere kommt in Norddeutschland seltener vor, häufiger dagegen in den Bergwaldungen Süd- und Mitteldeutschlands und in der ebenen Schweiz. Sie bildet einen schönen Baum oder Strauch mit starkem, oft gedrehtem Stamm, aufrechten Ästen und abstehenden Zweigen. Sie sieht der Eiche im

Hohe Hecken

Abb. 20 Elsbeere

Wachstum ähnlich. Der Baum hat rissige Stammborke und kann bis zu 20 m Höhe und darüber erreichen, wenngleich er auch strauchartige Entwicklung zeigt. Sonniger, nährstoffreicher, frischer Kalkboden sagt ihm am meisten zu. Mit 20—30 Jahren mannbar, wird er über 80 Jahre alt.
Die rundlich-herzförmigen, fast fiederspaltigen, spitzlappigen Blätter sind unregelmäßig gesägt, in der Jugend weichhaarig, später kahl. Die weißen Blüten bilden sich gipfelständig als Doppelrispen an kurzen, beblätterten Zweigen. Sie erscheinen im Mai/Juni und sind etwas kleiner als die der Mehlbeere. Die im September und Oktober reifenden Sammelfrüchte sind länglich bis rundlich, etwa haselnußgroß, bräunlich und dabei hell punktiert. Sie werden durch Frost oder längeres Liegen teigig und schmecken dann mehlig-süß.
Die Elsbeere wird gewöhnlich als Einzelpflanze in mindestens 10 m Entfernung von anderen baumartigen Gehölzen angepflanzt.
Aus den teigigen Früchten stellt man Kompott, Gelee und Marmelade her. Die getrockneten Früchte wurden früher als Volksmittel gegen Durchfall verwendet.
Vögeln bietet der Baum gute Nahrung. Bienen befliegen die Blüten gern.

Hohe Hecken

Man wählt zur Vermehrung hauptsächlich die Aussaat der nach der Reife eingeschichteten und zum Frühjahr ins Freie ausgesäten Samen. Seltener wird die Veredelung durch Okulation, Kopulation bzw. Geißfuß angewendet. Das Holz der Elsbeere ist elastisch, hart und schwer spaltbar. Es liefert wertvolles Rohmaterial für Drechsler und ist auch Schnitzholz. Seiner guten Polierfähigkeit wegen verwendet man es gern als Formstecherholz. Häufig werden Kegeln, Walzen, Maßstäbe, Kämme usw. daraus gefertigt. Als Brennholz besitzt es fast den Wert der Buche.

Mehlbeere, *Sorbus aria* Crantz (Fam. *Rosaceae).*

Die Mehlbeere wird auch Mehlbirne genannt. Die Bezeichnung aria wurde ihr wahrscheinlich nach der persischen Provinz Aria gegeben. Sie ist ein Kind sonniger Berghänge sowohl Schwedens als auch der Alpenwaldungen, wo sie bis 1500 m emporsteigt. Sie kommt im mittleren und südlichen Deutschland in sonniger Lage auf frischen Kalkböden vor. Sonst stellt sie keine hohen Ansprüche an den Boden. Da die Pflanze ziemlich tief wurzelt, kann sie sich auch gut als Felsenstrauch halten. Nur wird dann der an sich schon nicht besonders kräftige Wuchs noch schwächer. Die Entwicklung kann sich über stattliche Sträucher bis zum 6 bis 10 m hoch werdenden Baum steigern. Meistens sind die Stämme dabei etwas krumm.

Neben *Sorbus aria* gibt es noch die **Alpen-** oder **Südliche Mehlbeere** *Sorbus mougeotii* Soy.-Willem. et Godr. Sie kommt hin und wieder im Alpen- und deutschen Mittelgebirge vor. Weiterhin die **Schwedische Mehlbeere** *Sorbus intermedia* Pers. (syn. *S. suecica* Krok et Almq.), auch Oxelbirne, Saubirne, Popenbaum genannt. Sie ist in Skandinavien, Finnland und in den Ostseeländern beheimatet. Sie kann bis 10 m hoch werden und wird viel als Straßenbaum angepflanzt.

Neben der Mehlbeere wäre noch die **Zwergmehlbeere** oder **Zwergmispel-Eberesche,** *Sorbus chamaemespilus* Crantz, zu nennen, ein kleiner Strauch, etwa 1—3 m hoch, der auch auf Kalkboden wächst. Die Pflanze kommt in den Alpen, im Schwarzwald, auf dem Feldberg und in den Vogesen vor. Sie hat kleine, der Apfelblüte ähnliche, rosa gefärbte Blüten. Die Früchte, etwa 1 cm groß und scharlachrot, sind wohlschmeckend und lassen sich wie die Mehlbeeren verwenden.

Die Mehlbeere hat gutes Ausschlagvermögen und kann deshalb auf den Stock zurückgesetzt werden. Sie erreicht ein hohes Alter und kann mit Erfolg auf *S. aucuparia,* die Vogelbeere, gepfropft werden. Sie wächst mit aufrechten Ästen, an denen die filzigen, kleinen Triebe an abstehenden Zweigen stehen. Die kurzgestielten, eiförmigen bis länglichen Blätter fühlen sich härtlich an. Sie sind oberseitig grün und glatt, während die Unterseite mit weißen oder grauen, weichen Haaren bedeckt ist. Ihre Größe beträgt etwa 6—11 cm in der Länge.

Hohe Hecken

Die weißen Blütenstände ähneln denen des Weißdorns. Sie sind rispig-doldig und stehen an kurzen, beblätterten, stark behaarten Ästchen. Die Blüte erscheint etwa von Mai bis Anfang Juni. Die Früchte reifen September/Oktober. Sie sind ungefähr 1½ cm lang und 1 cm breit, rot oder gelblich, etwas größer als die Vogelbeeren. Sie stellen eine Sammelfrucht dar, die etwas süß schmeckt, dabei teigig und mehlig ist. Im Innern stecken zwei oder mehrere Samen.

Meist erfolgt die Vermehrung durch Aussaat der im Herbst nach der Reife eingeschichteten Samen. Es kommen etwa 230 auf 100 g. Die Samen liegen manchmal über. Man kann aber auch Ableger pflanzen oder Reiser, die man im Herbst an schattiger Stelle steckt.

Da die Krone der Mehlbeere ziemlich breite Ausmaße annimmt, sind zur guten Entwicklung mindestens 5 m als Pflanzweite erforderlich, wenn man Bäume haben will. Sie eignet sich aber auch sehr gut als halbhohe oder hohe Hecke,

Abb. 21 Mehlbeere

Hohe Hecken

die sich bei langsamem Höherziehen unten ganz gut grün erhält. Der silbergraue Austrieb im Frühjahr gibt der Anlage ein eigenartiges Aussehen. Der Schnitt und die Pflege unterscheiden sich nicht von der Behandlung der anderen Gehölzarten.

Die Früchte werden bei Katarrh, Husten und Durchfall gegeben. Sie ergeben gekocht einen angenehm süß schmeckenden Brei. Man verwendet sie zu Kompott, Gelee und Marmelade und bereitet daraus auch Saft. In manchen Gegenden werden die Beeren getrocknet. Sie sind in dieser Form besser im Geschmack als Kirschen. Auch gutes Hutzelbrot wird aus ihnen hergestellt.

Die Blüten bieten den Bienen eine gute Weide, während die Früchte den Vögeln Futter spenden.

Aus dem außerordentlich festen und zähen Holz stellt man gern Radzähne, Keile, Stampfer, Pressen, Walzen usw. her. Instrumentenmacher, Drechsler, Bildhauer schätzen das Holz sehr, sein Preis ist recht hoch. Als Brennholz ist es dem Buchenholz ebenbürtig.

Speierling, *Sorbus domestica* L. (Fam. *Rosaceae).*

Einer der selteneren fruchttragenden Wildbäume ist der Speierling, der früher in Süddeutschland häufiger anzutreffen war, jetzt aber meist nur noch in einzelnen Exemplaren vorhanden ist.

Er kam von Kleinasien über Griechenland und Italien nach Mitteleuropa. Seine Nordgrenze ist wohl Thüringen gewesen. Fast alle volkstümlichen Bezeichnungen des Baumes, wie Spierapfel, Spierling, Sper-, Sperber-, Sparberbaum, enthalten die Silbe Spier-, Spir, Sper, das trocken bedeutet. Das mag mit den Früchten zusammenhängen, die durch ihre starke Säure zum Ausspucken veranlassen. Bekannt ist auch die Bezeichnung: Zahme Eberesche, Schmeerbirne. Der Speierling möchte etwas besseren Boden als der Vogelbeerbaum haben, ist aber sonst mit ihm verwandt. Wir treffen ihn an auf sandigem, mergeligem, lehmigem und kalkhaltigem Boden. Er wächst gern an warmen, besonnten Hängen. In geschlossenen Tallagen gedeiht er nicht gut. Seine Entwicklung geht in der Jugend ziemlich rasch vor sich, später wächst er nur langsam weiter. Dabei erreicht der Baum ein Alter von mehr als 100 Jahren. Die Ertragfähigkeit setzt entsprechend spät ein, ist dann aber regelmäßig und gut. Pfropft man den Baum um, dann kommt er eher zum Blühen. Sonst können wir nicht unter 25 Jahren, häufig erst noch später, mit Ertrag rechnen. Der Baum entwickelt eine kräftige Pfahlwurzel. Deshalb kann er auch auf etwas trocknerem Boden noch gut gedeihen. Auf gutem, nährstoffreichem Boden können die Bäume einen Stammumfang von ungefähr $2^{1}/_{2}$—3 m erreichen, wobei sich eine Kronenausdehnung von 13—14 m bei einer Höhe von über 10 m entwickelt. Im allgemeinen wächst der Baum strauchartig, mit kurzem Stamm. Aus diesem Grunde kann man ihn unter Umständen zu heckenähnlichen Pflanzungen verwenden.

Hohe Hecken

Abb. 22 Speierling

Die Blätter sind unpaarig gefiedert, mit eiförmigen oder eilänglichen Fiederblättchen, in der Jugend weißwollig, später aber kahl werdend. Die weiße Blüte ähnelt der des Apfelbaumes und steht in armblütigen Doldenrispen. Sie wirkt sehr zierend. Die Blütezeit fällt in die Monate Mai und Juni und hält lange an.

Die gelbgrünen Sammelfrüchte haben auf der Sonnenseite gelbe oder rote Backen. Sie reifen im September und haben etwa die Größe einer wilden Holzbirne, $3^1/_2$ zu 3 cm, teils birnen-, teils apfelförmig. Die fünf Fächer der Frucht enthalten ziemlich große, dunkelbraune, flache Samen, die der Vermehrung dienen.

Die Jungpflanzen werden, je nach dem Verwendungszweck, in der Größe der Heckenpflanzen oder als Hochstämmchen gepflanzt. Die Pflanzentfernung richtet sich nach den Nutzungsabsichten. Es ist im allgemeinen anzuraten, den Speierling nur als Einzelbaum zu setzen und ihn als solchen z. B. in die Windschutzpflanzung einzureihen. Die Pflege wird sich auf das Auslichten zu dichter Kronen beschränken. Soweit notwendig, ist zur besseren Entwicklung für entsprechende Düngung zu sorgen.

Die baumreifen Früchte sind ungenießbar. Sie sind derartig gerbstoffreich, daß sie, wie der Pfälzer sagt, dem Lüsternen den Mund bis hinter die Ohren ziehen. Die Gerbsäure befindet sich vor allem in der Schale, verliert sich aber, wenn die Früchte teigig werden.

Ihrer zusammenziehenden Wirkung wegen bilden sie ein Hausmittel gegen

Hohe Hecken

Durchfall und Ruhr. Schwere Magenleiden sollen durch fein geriebene, gedörrte Früchte geheilt worden sein, wenn man sie gepulvert in Kaffee oder Milch zu sich nahm. Die überreifen, also teigigen Früchte sind unansehnlich, schmecken aber vorzüglich, ohne Bitterkeit und gar nicht streng. In großen Mengen genossen, haben sie stopfende Wirkung. Man verwendet den Saft der ausgepreßten baumreifen, also noch nicht teigigen oder angefrorenen Früchte gern als Zusatz zum Apfelmost, als Scheidsaft, um eine bessere Klärung zu erreichen. Auch werden Geschmack, Haltbarkeit und Bekömmlichkeit dadurch verbessert, wenn der Most zu säurearm war. Die reifen Speierlinge heißen im Volksmund Drecksäckelcher.

Man erntet die Früchte, wenn die ersten braunen oder braun werdenden Speierlinge abfallen (September). Die Haupt- und Nebenäste werden bei der Ernte geschüttelt und fester haftende Fruchtbüschel mit dünnen Stangen heruntergeschlagen. Es wird empfohlen, die Früchte auf Stroh zu lagern. Nach längerem Liegen, manchmal aber schon nach drei Tagen, werden sie weich und teigig. Sie geben dann auch eine gute Marmelade. Aus baumreifen Früchten läßt sich Süßmost herstellen.

Den Bienen spendet der Speierling Nektar und Pollen.

Kohlmeise und Seidenschwanz stellen den Früchten nach.

Die Vermehrung des Speierlings kann durch die Aussaat der nach der Reife bis zum Frühjahr eingeschichtet gewesenen Samen erfolgen. Nach trockenen Sommern liegen sie aber teilweise über. Da Sämlinge meistens schlecht weiterwachsen, ist die Veredlung, Kopulation und Geißfuß, hauptsächlich aber Okulation auf Birnwildlinge mit im vollen Trieb stehenden Augen, am gebräuchlichsten. Die Anzuchtpflanzen sollen des besseren Wachstums wegen im Birnenquartier stehen.

Das Holz der Bäume liefert sehr gute Kämme, sowie Walzen für Mühlen. Es ist zäh und hart, sehr fest, feinfaserig, wirft sich aber leider stark. Es wird verarbeitet von Schreinern, Wagnern und teilweise auch Drechslern. Man kann von ihm eine gute Kohle gewinnen. Sein Brennwert ist beträchtlich.

Vogelbeere, *Sorbus aucuparia* L. mit den Varietäten var. *edulis* Dieck., *var. rossica* Spaeth (Fam. *Rosaceae).*

Von der Vogelbeere gibt es eine Fülle teilweise rein örtlicher Namen, von denen nur einige angeführt seien: Gemeine Eberesche, Quitschenbaum, Qualsterbaum, Mosch-, Mas-, Stück-, Ebriz-, Quitsch-, Drosselbeere, Sperberbaum, Eschrüssel, Krammetsbeerbaum, Faulesche, Aberesche. Das Wort aucuparia, vom Lateinischen aucupari (avis = Vogel, capere = fangen), bedeutet Vogelstellen, weil die Beeren zum Vogelfang (aucupium) benutzt werden.

Die Vogelbeere findet sich in verschiedenen Varietäten. Am verbreitetsten ist die gewöhnliche Vogelbeere, *Sorbus aucuparia,* die auf jedem Boden und

Hohe Hecken

selbst in rauhem Klima angetroffen wird. Sie wächst im Norden bis zum isländischen und nordnorwegischen Gebiet hinauf. Der Baum hat glatte, hellgraue, glänzende Borke, die in höherem Alter etwas aufreißt. Die Blätter stehen paarweise an gemeinsamem Stiel und sind unpaarig gefiedert mit 5—11 fast sitzenden Blättchen.

Die schmutzig-weißen Blüten, die in breiten Doldenrispen zusammenstehen, erscheinen erst im Mai/Juni. Die Beeren reifen trotz des späten Blühtermins zeitig. Schon von August ab finden wir die reifen, scharlachroten bis braunroten, kugeligen und kleinen Sammelfrüchte, in denen meist drei Samen enthalten sind.

Die mittlere Höhe des Baumes beträgt 5—6 m. Er kann über 10 m hoch werden; bei einer Breitenausdehnung von etwa 6—8 m. Sein Lichtbedarf ist groß. Er sucht deswegen gern Bergwälder und buschige Hügel auf, wo er bis zur Baumgrenze steigt. Als Straßenbaum wird er sehr viel angepflanzt.

Die Früchte werden erst durch den Frost genießbar. Leider kann man darauf nicht immer warten, da fast alle Vögel sehr hinter ihnen her sind und sie außerdem spätestens im Dezember abfallen.

Empfehlenswerter als *Sorbus aucuparia* ist die M ä h r i s c h e E b e r e s c h e, *Sorbus aucuparia var. edulis* Dieck., deren Früchte nicht bitter sind und größer werden.

Die Früchte geben ein hervorragendes Gelee und ebensolche Marmelade und können wie Preiselbeeren zu einem gesunden, erfrischenden Kompott eingemacht werden. Sie sind größer als die der russischen Eberesche, aber auch etwas herber. D i e R u s s i s c h e (s ü ß e) E b e r e s c h e, *Sorbus aucuparia var. rossica* Spaeth, ist ebenso zu empfehlen wie die Mährische.

Es sind in letzter Zeit 2 besondere Sorten eßbarer Ebereschen gefunden worden, die einen hohen Säuregehalt und einen Gehalt an Vitamin C von 80 bis 100 mg % aufweisen. Die Sorte 'R o s i n a' hat große bis sehr große Früchte, die gutes Aroma mit angenehmer Säure und Süße verbinden; dagegen besitzt 'K o n z e n t r a' kleine festsitzende Beeren mit normal harter Schale, deren Geschmack leicht sauer ist. Beide Sorten sind weitgehend frostresistent.

Der Baum ist in der Jugend raschwüchsig und erreicht mit höchstens 20 Jahren seine Ertragsfähigkeit. Diese setzt fast nie aus und ist manchmal so groß, daß die Äste schwer beladen herunterhängen und sogar brechen können. Das Höchstalter ist ungefähr 80 Jahre. Die Vogelbeere wird am besten als Einzelbaum gepflanzt, mit einer Entfernung von Baum zu Baum von mindestens 5—6 m.

Die Eberesche braucht nur geringen Rückschnitt bei der Pflanzung. Sie baut ihre Krone dann mit wenig Nachhilfe von selbst sehr schön auf. Außerdem stellt der Baum an den Nährstoffgehalt des Bodens kaum Ansprüche, so daß sich eine besondere Düngung im allgemeinen erübrigt.

Hohe Hecken

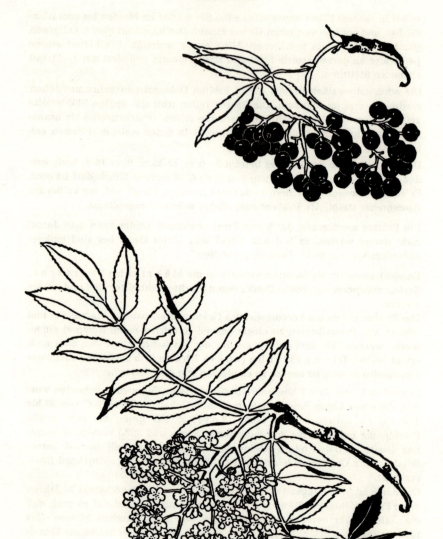

Abb. 23 Vogelbeere

Hohe Hecken

Die Beeren wirken harntreibend. In großen Mengen genossene Früchte sind giftig und können beim Menschen Übelkeit, Erbrechen und Leibschmerzen hervorrufen. Frischer oder mit Zucker eingekochter Saft reinigt das Blut und wird als Mittel bei Gicht und Rheuma, auch bei Durchfall, Stein- und Harnbeschwerden angewendet. Die Früchte sind ebenfalls gut gegen Katarrh, Heiserkeit und Husten. Man nimmt sie frisch bei Harnverhaltung, getrocknet in kleinen Mengen vor dem Frühstück genossen gegen Durchfall und Blasenleiden, geröstet und gemahlen verwendet man sie als Kaffee-Ersatz, der besser als Zichorie schmecken soll.

Die getrockneten Vogelbeeren werden Vögeln, Hühnern, Enten und Paarhufern gern als Futter gegeben. Das Federvieh legt dann gut Eier und wird fett. Außerdem soll das Fleisch dadurch noch schmackhafter werden.

Ferner wird aus den Beeren und aus den Preßrückständen bei der Musbereitung ein guter Essig hergestellt. Man kann die Früchte der gewöhnlichen Eberesche entbittern und dann weiterverwenden zur Herstellung von Marmelade, Gelee, Süßmost, Saft, Sirup u. a. Die Vogelbeeren verlieren die Bitterkeit, wenn man sie 12—14 Stunden in schwaches Essigwasser legt.

Früher wurde der Saft der Früchte in ungesüßtem Zustand als Zitronenersatz verwendet. Das Gelee aus den eßbaren mährischen Vogelbeeren steht im Geschmack und Aussehen zwischen Quitten und Roter Johannisbeere.

Die Bienen befliegen die blühenden Bäume sehr gern.

Da die Ebereschen Wirte der Ebereschen- oder Apfelmotte *(Argyresthia conjugella)* sind, ist Vorsicht bei ihrer Anpflanzung in der Nähe von Apfelpflanzungen am Platze.

Die Eberesche ist ein guter Futterbaum für Vögel. Leider müssen der zeitigen Reife wegen die Früchte bald gesammelt werden, wenn wir sie verwenden wollen. Neben den genannten Ebereschenarten gibt es noch die **Bastard-Eberesche**, *Sorbus × hybrida* L., die aus einer Kreuzung von Mehlbeere und Eberesche hervorgegangen sein soll. Die vogelbeerähnlichen Früchte sind genauso verwendbar. Die Bastard-Eberesche hat längliche, auf der Unterseite filzige, gefiederte Blätter und wächst häufig in Mittel- und Süddeutschland. Ihre Blütezeit liegt im Mai.

Die gewöhnliche Eberesche wird durch Aussaat vermehrt. Ihre Samen, von denen 500 etwa 100 g wiegen, kommen seltener im Herbst, meistens erst nach dem Einschichten über den Winter, im Frühjahr ins Freilandbeet. Die Mährische Eberesche wird durch Sommerokulation oder im Frühjahr durch Kopulation bzw. Geißfußpfropfungen (Kronenveredelungen) vermehrt.

Wagner, Schnitzer und Drechsler verwenden gern das zähe, harte Holz der Eberesche. In stärkeren Stücken nimmt es auch der Tischler. Es eignet sich gut als Faßholz für Branntweinfässer, läßt sich sehr schwer spalten, ist biegsam, dabei aber wenig elastisch. Als Brennholz ist es nicht so wertvoll. Die Zweige und Blätter des Baumes enthalten Gerbstoff.

Hohe Hecken

Quitte, *Cydonia oblonga* Mill. (syn. *C. vulgaris* Delarbre) (Fam. *Rosaceae).*

Zu den Obstgehölzen, die man gleichfalls als Heckenpflanzen verwenden kann, zählt vor allem auch die Quitte. Sie ist leider nicht ganz anspruchslos und verlangt guten, durchlässigen, nicht zu trockenen Boden in sonniger oder halbschattiger Lage. Meist in Strauchform gezogen, erreicht sie eine Höhe von etwa 4 m. Sie wächst aber auch baumförmig als niederer Hochstamm.

Der Name Cydonia stammt wahrscheinlich von der Stadt Kydonia (Kanea) auf Kreta, wo der Baum besonders häufig vorkam. Oblonga bedeutet länglich. An deutschen gebräuchlichen Namen wären noch zu nennen: Quittich, Schmeckbirne, Kutten-, Kotten- oder Kittenbaum.

Die Anpflanzung guter Sorten ist empfehlenswert. Um solche zu erhalten, veredelt man entweder auf die eigene Wurzel, auf Birne oder auch häufig auf Weißdorn. Vor allem ist die 'B e r e c z k y q u i t t e' zu nennen, die große starke Büsche bildet und recht große, birnenförmige, sehr gut schmekkende Früchte trägt. Weiterhin kommt die apfelförmige 'R i e s e n q u i t t e v o n L e s k o v a e z e' in Frage. Sie ist ebenfalls großfrüchtig und reichtragend. Die Früchte der Apfelquitte sind rundlich und meist kleiner, aber im Geschmack ebenso fein, wenngleich von mancher Seite der Birnquitte der Vorzug gegeben wird. Die Apfelquitte trägt außerordentlich reich.

Die Blätter der Quitte sind eiförmig und ganzrandig, auf der Unterseite mit grauen Haaren bedeckt. Auch die jungen Zweige und die Blütenkelche sind behaart. Die großen, rötlichweißen Blüten erscheinen erst im Mai, deshalb erfrieren sie auch kaum. Sie stehen einzeln an der Spitze junger Triebe und sind von zierender Wirkung.

Die Sammelfrüchte sind goldgelb, mit filzigen Haaren besetzt, die man bei der Reife sehr leicht mit einem Tuch abreiben kann. Als Reifezeit sind September und Oktober zu nennen. Da die Quitten roh nicht eßbar sind, fallen sie weniger dem Diebstahl zum Opfer.

Der Strauch läßt sich sehr gut verhältnismäßig eng als Hecke pflanzen, im Abstand von etwa 1 m. Die übliche Entfernung beträgt bei gelockerter Pflanzung 3—5 m. Die beste Pflanzzeit ist das Frühjahr, da bei Herbstpflanzung leicht Frostschäden auftreten können.

Als Flachwurzler ist die Quitte dankbar für flache Bodenbearbeitung oder entsprechende Bodenbedeckung. Ausreichende Nährstoffzufuhr, wobei dem Humusdünger der Vorzug zu geben ist, läßt regelmäßige Erträge erwarten. Alle 3—4 Jahre ist eine Kalkung angebracht. Da die Pflanzen am jungen Holz tragen, ist übermäßiger Schnitt nicht am Platze. Das Schneiden möchte sich nur auf das Herausnehmen zu dicht stehender und sich kreuzender und scheuernder Zweige beschränken. Auch bei Unterlassung jeglichen Schnittes trägt die Quitte gut.

Ihre Verwendung ist recht vielseitig. Die Früchte sind roh nicht eßbar, weil sie zu hart und gerbstoffhaltig sind. Sie wirken zusammenziehend und zu-

Obstbäume

gleich erweichend und sind heilsam bei Durchfall, Darmblutungen, Tuberkulose und Bluthusten. Bei Durchfall werden getrocknete Früchte gekocht. Der Schleim der Kerne wirkt kühlend, mildernd und heilend. Durch Auskochen gewonnen, nimmt man ihn bei Entzündungen des Rachens und der Verdauungsorgane, während man bei Augenentzündung und Gerstenkorn den kalten Auszug mit destilliertem Wasser anwendet. Letzterer kann auch zum Kitten von Porzellan gebraucht werden.

Aus den Früchten gewinnt man Marmelade, Kompott und Mus, vor allem Gelee. Sie geben auch einen vorzüglichen Süßmost. Die gekochten, durchgerührten Früchte werden zur Herstellung von Quittenbrot unter ständigem Rühren um die Hälfte eingekocht. Aus den Preßrückständen von der Süßmostherstellung läßt sich noch Gelee bereiten, da auch dann noch viel Pektin und Aromastoffe vorhanden sind.

Bei Heiserkeit und rauhem Hals ist der warme, mit Süßstoff gesüßte Saft (Zucker verursacht Schleimbildung) von guter Wirkung.

Die Quitte kann wohl durch Aussaat vermehrt werden; diese ist aber nicht üblich. Zur Anzucht dienen Stecklinge (großfrüchtige Sorten wachsen aber schlecht) oder meist Abrisse, auf die dann die Kultursorten durch Okulation veredelt werden. Auf leichterem, trockenerem Boden verwendet man besser als Unterlage Crataegus monogyna.

Das harte, zähe, feste und dichte Holz der Quitte wird nur selten und dann meist als Möbelholz verwendet.

4. Bäume, einzelstehende Gehölze und Einsprengsel

Edelkastanie, *Castanea sativa* Mill. (syn. *C. vesca* Gaertn.) (Fam. *Fagaceae).*

Zur E d e l k a s t a n i e sagt man auch Zahme, Echte oder Eßkastanie, Maronenbaum, sowie Kästenbaum. Der botanische Name Castanea ist der Stadt Kastana am Schwarzen Meer entnommen, wo der Baum viel angebaut und wild vorkam. Sativa bedeutet angebaut, angepflanzt.

Der Baum ist vor allen Dingen in südlichen Gegenden Deutschlands verbreitet. Er kommt jedoch in ihm zusagenden Lagen bis in den Nordosten hinauf vor. In seiner engeren Heimat Südeuropa ist er ein ausgesprochenes Schattenholz, hier verträgt er auch noch Halbschatten. Die Edelkastanie ist ein weit verbreitetes Gehölz in den Wallhecken Westeuropas. Die tiefgehende Bewurzelung und große Stockausschlagfähigkeit lassen sie auch Frostschäden und das Knicken leicht überstehen. Durch seine reiche Laubstreu gilt der Baum als bodenpflegliches Gehölz. Zu empfehlen ist die großfrüchtige, gelbe, die sogenannte Marone. Der Baum wird sehr groß. Er ist Fremdbefruchter. Man muß also mehrere beisammen stehen haben. Die Früchte werden ihres Nährwertes und Wohlgeschmackes wegen geschätzt.

Obstbäume

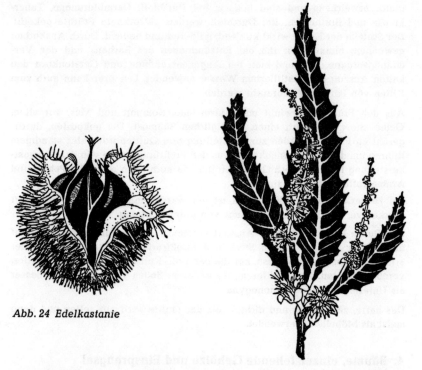

Abb. 24 *Edelkastanie*

Die Vermehrung der Edelkastanie geschieht meist durch Aussaat der im Herbst eingeschichteten Kastanien. Im Frühjahr bringt man sie am besten dann in leichten, nahrhaften Boden. Oder man vermehrt durch Ableger, die in feuchtem Erdreich gut wachsen.

Das für viele Verwendungszwecke der Esche gleichwertige Holz ist besonders als Unterwasserholz begehrt (Schiffsbauholz). Sonst fertigt man aus ihm Schwellen, wegen seiner leichten Spaltbarkeit auch Möbel, Faßdauben usw. an. Schwächere Stücke liefern Reb- und Zaunpfähle und Spazierstöcke.

Die gerbstoffreiche Borke wird zum Gerben verwendet. Die aus ihr gewonnene Gallussäure wird auch in der Medizin, Pharmazie und Fotografie benutzt.

Hauszwetsche, *Prunus domestica* L. (Fam. *Rosaceae).*

Die H a u s z w e t s c h e , oft Haus- oder Bauernpflaume genannt, kann auch in Baumgruppen und Heckenpflanzungen untergebracht werden. Sie wird nur mittelhoch, trägt reich und regelmäßig und ist Selbstbefruchter. Ihr Anbau ist bekannt und zu empfehlen, besonders weil es hier sehr an Bäumen dieser

Obstbäume

Art mangelt. Die Hauszwetschen gab es früher viel, jedoch wegen des reichen Ausschlagsvermögens ihrer Wurzeln wurden sie in manchen Bauerngärten fast zum lästigen Unkraut. Soll die Vermehrung der Hauszwetsche durch Wurzelschosse erfolgen, dann möchten diese aber von reichtragenden, großfrüchtigen und vom Stein lösenden Sorten entnommen werden. Andernfalls ist die Vermehrung durch Aussaat eingeschichteter Samen im Frühjahr vorzuziehen. Später werden die Sämlinge dann durch Okulation veredelt.

Das schwere, harte, dichte Holz des Baumes wird viel von Drechslern, Blasinstrumentenmachern und Holzschnitzern gesucht. Auch Tischlerarbeiten, figürliche Intarsien usw. fertigt man daraus an.

Neben der Hauspflaume kennen wir noch die Kirschpflaume, auch Myrobalane genannt, *Prunus cerasifera* Ehrh. *(P. myrobalanus* Loisel). Sie stammt aus dem Kaukasus und Westasien, kann bis 8 m erreichen, wächst breit und sparrig, meist etwas verdornt. Die Zweige sind oftmals grünrindig, die Blätter elliptisch-eiförmig, bis 8 cm lang, unten an der Mittelrippe behaart. Aus den weißen, vereinzelt stehenden Blüten entwickeln sich rundliche, bis 3 cm dicke, rote und auch bei der Varietät *P. divaricata* gelbe Früchte. Sie ist ein gutes Hecken- und Vogelschutzgehölz.

Lokal- und Mostobstsorten unseres Kernobstes

Lokal- und Mostobstsorten unseres Kernobstes sind der Widerstandsfähigkeit der Bäume wegen hier ebenfalls zu nennen. Da sie baumreif unansehnlich und wenig schmackhaft sind, werden die Früchte kaum gestohlen. Für Fremdbefruchtung, also für das Zusammenpflanzen mehrerer Sorten, muß gesorgt werden, ebenso wie bei allen genanten Pflanzen (außer den Windbestäubern) für die Nähe eines Bienenstandes.

Auf diese Weise können viele Doppelzentner Obst für die Verwertungsindustrie, z. B. Süßmosterei, gewonnen werden. Eine so intensive Pflege wie sie bei dem Obst der Plantagen und in Gärten notwendig wird, ist wegen der Bodenständigkeit und der damit verbundenen Widerstandsfähigkeit dieser Sorten gegen Krankheiten und Schädlinge kaum notwendig.

In dieser Verbindung seien auch einige schorffeste Mostobstsorten von Äpfeln genannt, die reichtragend und von guter Qualität sind und die in solchen Pflanzungen mitverwendet werden könnten: 'Heuchelheimer Mostapfel' ('Schneeapfel'), 'Steirischer Maschansker', 'Spätblühender Taffetapfel', 'Altländer Pfannkuchen', 'Horneburger Pfannkuchen', 'Wiltshire', 'Schweizer Grauer Hornapfel' und 'Thurgauer Weinapfel'.

Mandel, *Prunus dulcis* D. A. Webb (syn. *Amygdalus communis* L., *Prunus communis* Arcang. non Huds., *P. amygdalus* Batsch) (Fam. *Rosaceae*).

Die Mandel wurde in früheren Zeiten im Südwesten Deutschlands, besonders in der Pfalz und an der Bergstraße, viel angebaut. Auch heute noch

Obstbäume

findet man sie dort an geschützten, sonnigen Stellen. Die Mandel braucht Fremdbefruchtung, wenn sie ausreichend tragen soll. Man unterscheidet süße *(var. dulcis* C. Schn.) und bittere *(var. amara* Buchheim) Mandeln, von denen heute fast nur noch die süßen angepflanzt werden.

Vermehrt werden die Mandeln auf die gleichen Unterlagen wie die Pflaumen durch Okulation.

Ihr nur langsam austrocknendes, gern spiralförmig reißendes Holz wird gelegentlich von Tischlern und Drechslern gebraucht. Es ist sehr hart, schwer und nicht leicht spaltbar.

Sauerkirsche, *Prunus cerasus* L. (syn. *Cerasus vulgaris* Mill.) (Fam. *Rosaceae).*

Die Sauerkirsche läßt sich recht gut als Einzelbaum verwenden, wenn man die selbstfruchtbare Schattenmorelle wählt. Die anderen Sorten dagegen, die Amarellen oder Morellen, Weichseln und Glaskirschen, müssen, weil sie selbst unfruchtbar sind, mit anderen Sorten zusammengepflanzt werden.

Da die Schattenmorelle Halbschatten verträgt, kann sie in Hecken als Obstgehölz gut unterkommen. Andererseits lassen sich mit ihr auch ganze Grenzpflanzungen anlegen. In diesem Fall ist die Standweite enger als in der Erwerbsanlage zu wählen. Man wird Buschbäume setzen und die in Bodennähe immer noch vorhandenen Lücken durch die Halbschatten vertragenden Johannisbeersträucher schließen.

Süßkirsche, *Prunus avium* L. (syn. *Cerasus avium* Moench) (Fam. *Rosaceae),* Gartenform.

Die Süßkirsche stellt an den Boden verhältnismäßig hohe Ansprüche. Sie verträgt keine Säure, keine übermäßige Feuchtigkeit und auch keinen kalten Grund. In ihm zusagenden Gelände und bei freiem Stand kann der Baum sehr alt werden, wenn die Veredlung auf Vogelkirschsämlingen von gesunden Mutterpflanzen erfolgte.

Es ist bei den Süßkirschen zu beachten, daß sie auf Fremdbefruchtung angewiesen sind. Außerdem muß noch berücksichtigt werden, daß nicht jede andere Sorte für die Befruchtung geeignet ist, sondern eine sogenannte Gruppenintersterilität besteht. Jede gute Baumschule kann darüber Auskunft geben.

Das zähe, feste, harte Holz der Kirschen ist in der Möbeltischlerei für Mahagoniimitationen, doch auch sonst sehr beliebt. Wagner, Instrumentenmacher, Drechsler und Galanteriearbeiter schätzen es sehr. Sein Brennwert ist fast dem der Buche gleichzusetzen.

Süßkirschen wird man aber wegen der für diese Bäume benötigten Pflege nicht in Hecken anpflanzen.

Obstbäume

Vogelkirsche, *Prunus avium* L. (syn. *Cerasus avium* Moench) (Fam. *Rosaceae).*

Die Vogelkirsche trifft man auch heute noch in Wäldern und Gebüschen wild an. Sie kann vereinzelt in Gehölzgruppen mit angepflanzt werden.

Mit dem Anbau der Vogelkirsche wäre es möglich, wie auch teilweise bei den Lokal- und Mostsorten des Kernobstes, gleichzeitig die Gewinnung eines einwandfreien Saatgutes zu verbinden. Es wird Samen der Hellrindigen Vogelkirsche und von bestimmten diploiden Apfel- und Birnensorten in großen Mengen benötigt, um die immer noch vorhandenen großen Lücken im Bestand der Obstpflanzungen durch die Beschaffung einwandfreier Unterlagen zu schließen. In Feldhecken, die weit genug von Erwerbsanlagen entfernt liegen, ist die den Wert der Samen beeinträchtigende Fremdbestäubung durch triploide oder andere ungeeignete Sorten ziemlich ausgeschlossen.

Auf der Vogelkirsche kann außer dem Baumweißling besonders die Kirschfruchtfliege *(Rhagoletis cerasi)* auftreten. Deshalb ist die Anpflanzung in der Nähe von Kirschplantagen möglichst zu vermeiden.

Walnuß, *Juglans regia* L. (Fam. *Juglandaceae).*

Der Name Juglans entstand aus Jovis glans = Jupiter-Eichel, regia bedeutet königlich, prächtig. Man nennt die Walnuß auch noch Welsch- oder Baumnuß. Der 10–20 m hohe Baum bekommt im Alter eine rissige Borke. Seine unpaarig gefiederten Blätter sind ganzrandig, haben einen eigenartigen Geruch und schmecken bitter.

Während die männlichen Blüten des einhäusigen Baumes aus den Blattachseln der vorjährigen Zweige entspringen und in herabhängenden Kätzchen stehen, befinden sich die weiblichen in wenigblütigen Ähren an der Spitze der jungen Triebe. Die Blüte erscheint April/Mai.

Der Baum verträgt keinen nassen und kalten Standort. Am besten pflanzt man ihn in offenen Lagen in tiefgründigen Boden. Er kann aber auch auf sandigem Grund angebaut werden, wenn ihm genügend Nährstoffe zur Verfügung stehen.

Die Walnuß findet sich in größerem Umfang in Süddeutschland angebaut. Des besseren Fruchtbehanges wegen setzt man gerne mehrere Bäume dieses Windbestäubers zusammen.

Es muß an dieser Stelle darauf hingewiesen werden, daß gerade die Walnuß ihres hohen wirtschaftlichen Wertes wegen in weit größerem Umfange als bisher angepflanzt werden sollte. Sie ist zwar in der Jugend etwas frostempfindlich, später aber wesentlich frosthärter als meistens angenommen wird, baut sich ohne Pflege leicht selbst auf, erreicht ein sehr hohes Lebensalter, trägt zwar nicht früh, später aber regelmäßig.

Obstbäume

Neuerdings sind drei verschiedene, auf Wildlingen veredelte Sorten im Handel, und zwar: 'S e i f e r s d o r f e r   R u n d e', besonders für Höhenlagen geeignet, 'O c k e r w i t z e r   L a n g e', für den Großanbau und 'P i l l n i t z e r   G r o ß e', als Liebhabersorte. Sie bilden alle drei große, volle Nüsse aus und sind frosthart.

Außer der gewöhnlichen Walnuß gibt es noch die S t r a u c h w a l n u ß, *Juglans regia var. praepaturiens* Kirchn. Ihre Frucht ist mittelgroß und sehr wohlschmeckend. Der Baum wächst fast strauchartig, trägt schon frühzeitig und kann durch Samen vermehrt werden.

Das Holz der Walnuß ist ein sehr gesuchtes Rohmaterial für die verschiedensten Verarbeitungszwecke, das besonders in der Möbeltischlerei viel verlangt wird. Es ist gut polierfähig, weshalb man es gern zu Furnieren verarbeitet. Ein unschädliches Haarfärbemittel liefert der Auszug aus den grünen Nußschalen.

Die Pflanzung wird am besten im Frühjahr ausgeführt, besonders in feuchterem, schwererem Boden, weil sonst im Winter Wurzelfäule auftreten kann. Der Rückschnitt, wenn er sich überhaupt notwendig macht, ist nur im belaubten Zustande zu empfehlen.

Zur Vermehrung verwendet man Nüsse (es kommen auf 100 g je nach Sorte 4—10 Stück) von ausgesuchten, großfrüchtigen, gut entwickelten, reichtragenden, widerstandsfähigen Mutterbäumen, die man im Herbst einschichtet und im Frühjahr auslegt. Es wird auch auf Wildlinge veredelt, eine Vermehrungsart, die man aber noch nicht allgemein anwendet. Die Entwicklung einer starken Pfahlwurzel, die das Verpflanzen behindert, ist möglichst zu unterbinden. An Ort und Stelle ausgelegte Nüsse kommen erfahrungsgemäß eher zum Tragen als verpflanzte.

Türkische Weichsel, *Prunus mahaleb* L. (syn. *Cerasus mahaleb* Mill., *Padus mahaleb* Borkh.) (Fam. *Rosaceae).*

Die Türkische Weichsel wird auch Mahalebs-, Stein- oder Wohlriechende Felsenkirsche, Stein- oder Ungarische Weichsel genannt. Sie ist ein vielästiger, sparriger Strauch oder kleiner Baum mit abstehenden Ästen, graubraunen Zweigen und verhältnismäßig kleinen Blättern. Die Blüten stehen in dicht gedrängten, kleinen Trauben. Die Pflanze erreicht bis zu 8 m Höhe, wobei ihr Stamm 40—50 cm stark werden kann.

Die Rinde wie die Blätter sind wohlriechend. Die Stockausschläge entwickeln beim Trocknen einen eigenartigen Geruch, der an Waldmeister erinnert. Sie werden deshalb gern zur Herstellung von sogenannten Weichselröhren, Pfeifenrohren und Zigarettenspitzen verwendet und zu diesem Zweck herangezogen.

Im Gegensatz zur Sauerkirsche, die Schatten verträgt, ist die Türkische Weichsel wesentlich lichtbedürftiger. Besonders in der Südhälfte Europas heimisch,

Waldbäume

findet man sie sonst auf kalkhaltigen Standorten des südlichen deutschen Hügellandes bis nach Mitteldeutschland hinein.

Die Pflanze blüht ähnlich der Traubenkirsche mit aufrechten, gewölbten, doldenähnlichen Trauben. Die erbsengroßen Früchte sind schwarz und schmecken ziemlich herb.

Die Türkische Weichsel dient als Unterlage für Sauerkirschen. Leider werden die Bäume leicht von der Kirschfruchtfliege *(Rhagoletis cerasi)* befallen. Ihr Anbau in der Nähe von Süßkirschen ist deswegen nicht zu empfehlen.

Abb. 25 Türkische Weichsel

5. Verschiedene nutzbare Waldbäume

Rotbuche, *Fagus sylvatica* L. (Fam. *Fagaceae).*

Man nennt die R o t b u c h e auch Gemeine Rotbuche, Ecker, Mast- oder Wallbuche. Das Rot bezieht sich auf die Farbe des Holzes im Gegensatz zur W e i ß - o d e r H a i n b u c h e , *Carpinus betulus* L., die weißes Holz besitzt (sie gehört zur Familie der Birkengewächse *Betulaceae).* Die Rotbuche ist nicht mit der Blutbuche zu verwechseln, die diesen Namen wegen der dunkelroten Blätter trägt.

Waldbäume

Die Buche ist ein Gehölz, dessen natürliche Verbreitung sich ausschließlich auf Europa beschränkt. Sie tritt besonders im westlichen Mitteleuropa auf. Zum freudigen Wachstum benötigt die Rotbuche eine genügende Menge Sommerfeuchtigkeit. Am besten gedeiht sie in tiefgründigem, dabei frischem Boden. Da sie ein ausgesprochener Tiefwurzler ist, läßt sie sich nur als junge Pflanze mit Erfolg umsetzen.

Der walzenförmige, mit einer glatten, silbergrauen Borke bedeckte Stamm kann 30 und mehr Meter hoch werden. Er entwickelt dann eine sich stark ausbreitende Krone. Aus den ziemlich langen, spitzen, stark vom Aste abstehenden Knospen entwickeln sich rasch schwanke, erst zum Herbst verholzende Triebe, mit anfangs fächerartig zusammengefalteten, stark behaarten Blättern, die später derb werden und dann die Haare größtenteils verlieren. Während die kugeligen, männlichen Blütenstände an langen Stielen aus den Achseln der Laubblätter herunterhängen, sind die weiblichen, zwei Blüten enthaltenden, aufwärts gerichtet. Aus ihnen entwickeln sich später die dreikantigen, rötlichen, einsamigen Nüßchen, Bucheckern oder Bucheln genannt. Die Blütezeit liegt im April und Mai.

Der Baum bringt leider nur alle 5—6 Jahre, manchmal noch seltener, eine Vollernte (Vollmast). Das in einer Menge von 16 l in 50 kg Bucheckern enthaltene Speiseöl ist hellgelb, klar, fast geruchlos, vorzüglich. Es schmeckt mild, ähnelt dem Mandelöl und hält sich jahrelang. Die Preßrückstände können an Schweine, Geflügel und Wiederkäuer verfüttert werden. Für Pferde sind sie giftig!

Die Rotbuche ist ein vorzügliches Heckengehölz, das jeden Schnitt verträgt. Es gibt viele solcher alten, regelmäßig geschnittenen Hecken. Aber auch die Wallhecken beherbergen immer einen gewissen Prozentsatz Rotbuchen in ihrem Bestand.

Zur Fruchtgewinnung, die erst im höheren Lebensalter einsetzt (selten unter dem 40.), dürfen die Bäume natürlich nicht gestutzt werden.

Zur Vermehrung der Rotbuche werden die Bucheckern (1000 Bucheln wiegen etwa 225 g) gleich nach der Reife an der Luft getrocknet, anschließend trocken und vor Mäusefraß geschützt den Winter über aufbewahrt. Vor der Aussaat im Freiland müssen sie 24 Stunden im Wasser quellen. Dann schichtet man sie in feuchten Sand. Sie kommen erst aufs Land, wenn die Keimung beginnt.

Der Baum liefert eines der wertvollsten Hölzer unseres Waldes. Abgesehen vom Hoch-, Wasser-, Gruben- und Brückenbau, für die es seiner geringen Tragkraft wegen nicht geeignet ist, kann man es für fast alle anderen Verarbeitungsarten gebrauchen. So findet es Verwendung in der Sperrholzindustrie, Zellwollfabrikation, der Möbelerzeugung, im Innenausbau der Häuser, beim Maschinen- und Mühlenbau, beim Wagner, im Spalt- und Schnitzgewerbe. Daneben spielt auch die Holzverkohlung eine Rolle (Holzkohle, Teer, daraus das Kreosot, Holzessig, Holzgeist). Aus der Asche gewinnt man Pottasche, aus der Lauge Waschmittel. Die Borke liefert Gerbmaterial. Als Brenn-

Waldbäume

holz ist die Buche zu wertvoll, besitzt aber den besten Heizwert aller deutschen Holzarten. Vor dem Rohgenuß größerer Mengen Bucheckern muß ihrer Giftigkeit wegen gewarnt werden.

Eiche, *Quercus petraea* Liebl. (syn. *Q sessilis* Ehrh., *Q. sessiliflora* Salisb.) und *Q. robur* L. (syn. *Q. pedunculata* Ehrh.) (Fam. *Fagaceae).*

Der Name Quercus stammt entweder vom keltischen que = schön und cuez = Baum oder, nach Isidorius, vom quaerere = befragen, weil die Orakel sich vielfach in Eichenwäldern befanden. Das Wort petraea weist durch seine Bedeutung „auf Felsen wachsend" auf das Vorkommen dieser Eichenart hin, die wir auf Deutsch Trauben-, Winter-, Stein-, Berg-, Dürr-, Harzer-, Kohleiche, Husten-, Wechsel- und Fraueneiche, Eike, Adler- und Eikelbaum nennen. Robur = kräftig bezeichnet die andere Eichenart und weist auf ihre Widerstandsfähigkeit hin. Im Deutschen kennen wir von ihr Namen wie: Stiel-, Sommer-, Früh-, August-, Ferkel-, Fürk-, Vier-, Masteiche. Das sind alles Bezeichnungen, die Bezug nehmen auf das Wachstum, die Eigenarten und die Verwendung der Früchte.

Ohne zu sehr auf eine Beschreibung des bekannten Baumes einzugehen, sollen aber doch einige Unterschiede zwischen den beiden Arten, der Trauben- und Stieleiche, angegeben werden. Die höher wachsende Stieleiche (40–50 m), entwickelt keinen durchgehenden Stamm, sondern eine mächtige, dichte Krone mit knorrig hin und her gebogenen Ästen, die den lichthungrigen Blättern das Wachsen nur an den Außenspitzen erlaubt. Sie ist ein Lichtbaum. Ihre Borke wird im Alter tiefrissig und dunkelgrau. Die Knopsen sind nicht lang und spitz wie bei der Traubeneiche, sondern dick, stumpf, kantig und kahl. Die Traubeneiche trägt 1—3 cm langgestielte Blätter mit symmetrisch tief buchtiger Spreite, die keilig zuläuft; die Stieleiche dagegen nur kurzgestielte, fast sitzende Blätter, mit stumpf ganzrandigen Buchten versehen. Die Spreite der Stieleiche ist am Grunde herzförmig mit zwei mehr oder weniger deutlichen Öhrchen. Auf der Blattunterseite befinden sich nicht, wie bei der Traubeneiche, feine Sternhaare, sie ist im Gegenteil meist kahl. Die Blattnerven verlaufen auch in die oberen Buchten.

Die Traubeneiche blüht etwa 14 Tage später als die Stieleiche (April/Mai), ihre Früchte sind kurz oder kaum gestielt, im Gegensatz zu denen der Stieleiche, die, meist zu mehreren, auf langen Stielen sitzen.

Die Stieleichen kommen in ganz Europa, Nordafrika und dem Orient vor, wo sie als häufiger Waldbaum der Ebene, namentlich des Auenwaldes und großer Flußläufe, meist einzeln, gemischt mit Buchen, Hainbuchen, Feldahorn und Espe, auftreten. Im Gegensatz dazu wächst die Traubeneiche mehr in trockenen, höher gelegenen Gegenden, im Gebirge und Bergland. Sie gedeiht weniger gut auf Kalk.

In den Wallhecken Schleswig-Holsteins trifft man die Eiche mit etwa 12 % der Gehölze an, denn die Pflanzen sind auch starkem Schnitt gegenüber nicht

Waldbäume

empfindlich und werden ihres Holzes wegen sehr gesucht. Soll gleichzeitig eine Fruchtnutzung stattfinden, dann kommt die Pflanzung der Eiche in der Hauptsache im Einzelstande in der Kulturlandschaft oder vielleicht auch in der Schutzpflanzung in Frage.

Ihrer ziemlich tiefgehenden Wurzeln wegen sollte man die Eiche nur als junge Pflanze setzen. Dann ist sie beim Anwachsen nicht empfindlich.

Die Eicheln werden auch heute noch vielfach im Haushalt nach dem Auslaugen ihrer Bitterstoffe mittels heißen Wassers zu Mehl verarbeitet.

Als Mastfutter für Schweine besaß die Eichel früher, als noch häufig der Weidegang in den Wald stattfand, eine größere Bedeutung.

Die Vögel nisten gerne in den jungen Eichenaustrieben.

Vermehrt werden die Eichen im zeitigen Frühjahr durch die Aussaat der nach der Ernte trocken gelagerten Früchte, nachdem man sie vorher, bis sich die Keimlinge zeigen, in Wasser aufgeweicht hatte. Manchmal kommen sie auch nach dem Quellen in feuchten Sand. Dann geht das Keimen rascher. 1000 Eicheln wiegen 3800 g; es entfallen auf 100 g also nur etwa 30 Stück. Das Holz der Eiche ist für alle Bauten, auch solche im und am Wasser, sehr gut verwendbar. Weiter gebrauchen es Wagner, Böttcher, Küfer, die Werkzeugschreinerei, Holzschnitzer, Tischler u. a. Eichenloden geben gute Faßdauben, Floßwieden und Spazierstöcke.

Die Borke wird zum Gerben verwendet. Unverholzten Spitzen der Zweige entzieht man den Eichenlohextrakt.

Als Brennholz ist Eichenholz weniger zu empfehlen, weil es mit stark rußender Flamme brennt und die Borke viel Staub bildet.

Roßkastanie, *Aesculus hippocastanum* L. (Fam. *Hippocastanaceae*).

Im Deutschen spricht man auch von der Wilden oder Pferdekastanie. R o ß - k a s t a n i e heißt sie wohl, weil man sie nicht zur menschlichen Nahrung verwenden kann, oder weil die Früchte ein gutes Mittel bei Husten und schwerem Atem für die Pferde sind. Aeculus ist ursprünglich der Name für eine immergrüne Wintereiche mit eßbaren Früchten gewesen. Im „hippocastanum", dem griechischen hippos = Pferd, kastanos = Kastanienbaum, findet sich die Bezeichnung Roßkastanie.

Der in Deutschland nicht heimische Baum erlangte erst in der zweiten Hälfte des 16. Jahrhunderts bei uns Verbreitung. Er kommt von Nordgriechenland über Kleinasien und Persien bis nach dem nordöstlichen Indien vor. Heutzutage trifft man ihn viel in Anlagen, Gärten, Höfen, auf Plätzen, an lichten Stellen im Wald und auch als Straßenbaum an.

Wegen der häufigen Verkümmerung der weiblichen Geschlechtsorgane eines Teiles der Blüten wird, trotz guten Befluges durch Insekten, immer nur ein Teil von ihnen Früchte liefern.

Waldbäume

Die kugeligen, grünkrautig bestachelten Früchte enthalten 1—2 von einer glänzenden Schale überzogene Samen, die Saponin, Fett und 30—40 % Stärke enthalten.

Es ist nicht zu empfehlen, die Kastanie als Hecke zu ziehen. Sie verträgt den Rückschnitt auf die Dauer nicht und ist durch die tiefen Schatten werfende Krone dafür auch weniger geeignet. Wohl aber kann man den Baum im Einzelstand an passender Stelle anpflanzen.

Die großen Früchte finden als Futter für Tiere, als Saponinlieferanten und auch für die Gewinnung von Stärke Verwendung. Der aus ihnen hergestellte Alkohol schmeckt eigenartig. Auch die Medizin verarbeitet die Samen verschiedentlich.

Der Baum wächst in jedem tiefgründigen, frischen, nicht zu leichten Boden; Trockenheit verträgt er der großen Blätter wegen nicht so gut.

Die Bienen befliegen die Blüten wegen ihres Reichtums an Pollen gern. Die Vermehrung der Roßkastanie ist einfach. Es kommt für die Wildform nur die Aussaat der Samen in Frage. Diese werden zuerst solange trocken gelagert, bis sie anfangen einzuschrumpfen. Dann sandet man sie ein. Zum Frühjahr, wenn das Keimen beginnt, kommen sie in Rillen auf Freilandbeete, mit der rauhen, trockenen Scheibe nach unten gelegt! Die Sämlinge wachsen bald, sind aber ihrer Frostempfindlichkeit wegen zwei Jahre im Beet zu lassen. Da 1000 Samen etwa 1700 g wiegen, entfallen auf 100 g nur etwa 6 Stück.

Das Holz der Roßkastanie ist zwar nicht so wertvoll wie das anderer Wildbäume, es wird aber für Küchentische, grobe Schnitzereien, Zigarrenkisten, Holzwaren, als Blindholz u. a. verwendet. Auch die Borke findet ihres Gerb- und Farbstoffes wegen sowie zur Gewinnung von Gallussäure Beachtung. Als Brennholz ist das Holz weniger zu empfehlen.

Die Verarbeitung der Samen zu Mehl hat sich im Haushalt als nicht gut möglich erwiesen. Es scheint auch gewerblich noch nicht vollständig zu gelingen.

6. Halbsträucher

Brombeere, *Rubus fruticosus* L. (Fam. *Rosaceae).*

Ihrer großen Verbreitung wegen gibt es für die Brombeere eine ganze Reihe deutscher Namen, die sich aber zum Teil sehr ähneln, z. B. Brommel-, Bram-, Kratz-, Kratzel-, Bocks- und Braunbeere, Bramel, Brämen, Brummern, Brombesing, Moren, Hirschbollen. Das botanische fruticósus aus dem lateinischen fruticare = Zweige hervortreiben bedeutet strauchig wachsend.

Mit Hilfe der Brombeeren läßt sich eine sehr brauchbare Einfriedigung anlegen, die gut gegen zwei- und vierbeinige Liebhaber der dahinter stehenden Gewächse schützt. Die Brombeere muß nur, im Gegensatz zu den bisher genannten Pflanzen, aufgebunden werden, wenn der Schutz ausreichend sein soll

Brombeere

und die Pflanzung nicht sehr breit gewünscht wird. Man bringt weitmaschiges Drahtgewebe als Zaun an oder spannt 30—50 cm voneinander entfernte Drähte in waagerechter Richtung.

Die Brombeere ist eine der wenigen Pflanzen, die als Beerenfrucht sonnigen und dabei trockenen Standort nicht nur verträgt, sondern sogar liebt. Ihr tiefgehendes Wurzelwerk holt sich immer genügend Wasser und Nahrung herbei. Unter den vielen Brombeerarten gibt es sowohl kalkliebende wie kalkfliehende Sorten, so daß sich für jeden Boden das passende Pflanzmaterial finden läßt.

Stark rutenbildende Sorten, wie z. B. 'T h e o d o r R e i m e r s', auch Sandbrombeere genannt, sind zumindest auf 3, besser auf 4 m Abstand zu setzen. Nur wenn es sich um eine ganz dichte Hecke handeln soll, kann engere Pflanzung in Frage kommen. Dann ist aber die Pflege, ohne die die Anlage in Kürze verwildern und unvernünftig breit werden würde, viel schwieriger. Die Sorte blüht vom Juli—September, ist sehr reichtragend und entwickelt süße, würzige, große, tiefschwarze Sammelfrüchte.

Die Brombeere stellt keine Sonderansprüche an die Bodenbearbeitung. Ihrer weitreichenden Wurzeln wegen sind besondere Düngungsmaßnahmen ebenfalls nicht notwendig, wenn es sich nicht um ausgesprochen nährstoffarmen Boden handelt.

Neben den weitausladenden Formen gibt es auch aufrechtwachsende, wurzelschoßtreibende Brombeeren wie 'Wilsons Frühe'. Diese sind im Gegensatz zu den anderen, die in ihren oberirdischen Teilen meist nur 18—20 Grad Kälte vertragen, widerstandsfähiger gegen Frost. Im Geschmack kommen sie nicht ganz an die kletternden Sorten heran. Sie werden wie Himbeeren gepflanzt.

Von beiden Wuchsformen gibt es eine ganze Reihe meist aus Amerika eingeführter Kultursorten. Auch die wildwachsenden sind sehr formenreich, aber ihres mehr kriechenden Wachstums wegen zum Befestigen von Böschungen und als Vogelschutzgehölz geeigneter als zum Anlegen von Hecken.

Die Pflege der Brombeeren besteht im Herausschneiden der im Lauf des Winters absterbenden vorjährigen Triebe und im Anbinden der einjährigen, die man je nach dem zur Verfügung stehenden Platz einkürzen wird. Die Geiztriebe der einjährigen Ruten werden bis auf eine kräftige Knospe entfernt. Kommen die Spitzen der einjährigen Triebe im Herbst auf die Erde, so bewurzeln sie sich sofort, wodurch die Brombeeranlage in wenigen Jahren unsachgemäßer Pflege ein breites, undurchdringliches Gebüsch werden kann.

Die Früchte geben eine vortreffliche Marmelade, einen ebensolchen Saft und Süßmost. Auch Gelee läßt sich daraus bereiten.

Die Nektar und Pollen spendenden Blüten bilden eine gute Bienenweide. Einzelnen Vogelarten bieten die Brombeeren gute Nistgelegenheiten. Bei unsachgemäßer Pflanzung und Pflege im Frühjahr wächst die Brombeere schlecht an. Etwas feucht und nicht zu tief gesetzt, dabei schattig gehalten, wird man selten Ausfälle haben.

Himbeere

Zu den Brombeeren zählen auch die Young- und die Boysenbeere. Beide stammen aus Amerika. Sie sind frostempfindlicher als die gewöhnlichen Brombeeren, bilden sehr stark Ruten und große Früchte, die nicht schwarz, sondern rötlich aussehen. Versuchsweise könnten die beiden Sorten bei der Pflanzung mitverwendet werden.

Die Boysenbeere ist dicht mit feinen Stacheln versehen im Gegensatz zur Youngbeere, die vollkommen stachellos ist. Letztere ist aber noch frostempfindlicher, muß also auf jeden Fall im Winter geschützt werden. Die Reifezeit beider Sorten liegt zeitiger (Juli/August) als die der anderen Brombeeren.

Himbeere, *Rubus idaeus* L. (Fam. *Rosaceae).*

Die Bezeichnung idaeus bezieht sich auf den Berg Ida auf Kreta oder in Phrygien. Im Altdeutschen sagte man hintperi = Beere der Hinde (Hirschkuh). Es gibt auch heute noch ähnliche Namen: Heindelen, Hing-, Hint-, Hindel-, Henden-, Hendel-, Hohl-, Katzen-, Made-, Mohl-, Mutter-, Runzelen-, Haar- und Waldbeere, Ambas, Ampe usw.

Die Himbeere ist zwar keine ausgesprochene Heckenpflanze, sie entwickelt aber doch eine ziemliche Dichte, so daß man sie, wenn nicht allein, zumindest mit anderen Pflanzen zusammen zur Bildung von Schutzstreifen verwenden kann.

Als Flachwurzler verlangt sie nährstoffreicheren und feuchteren Boden als die Brombeere. Die Lage möchte nicht zu schattig sein. Auf steinigen Waldplätzen, im Gebüsch und in Hecken, auf humosem Waldboden und in Gebirgsgegenden trifft man sie vielfach an.

Die Himbeere ist gleich der Brombeere ein Halbstrauch. Sie treibt im ersten Jahre eine Rute von 1,50 m Höhe, die bei den gezüchteten Formen bis 2,50 m erreicht. Im nächsten Jahre entwickeln sich dann Seitentriebe, deren Enden die Fruchtstände bilden. Auch hier haben wir eine Sammelfrucht vor uns, die aber im Gegensatz zur Brombeere ohne den kegelförmigen Fruchtträger geerntet wird.

Eine große Anzahl Sorten steht dem Anbauer zur Verfügung. Die Sorten 'Preußen', 'Deutschland', 'Marlborough' und 'Lloyd George' sind die bekanntesten.

Man setzt in der Reihe auf etwa 75 cm. Nach der Pflanzung sollten die Triebe bis auf 30 cm zurückgeschnitten werden, damit der neue Aufwuchs sich besser entwickeln kann.

Zu beachten ist die zumeist — besonders aber in der Jugend der Anlage — starke Wurzelbrutbildung.

Da die zu dicht stehenden Triebe der kultivierten Himbeeren häufig von der Rutenkrankheit *(Didymella applanata)* fast vollständig zum Absterben gebracht werden, sollten immer genügende Zwischenräume zwischen den einzel-

Himbeere

nen Ruten bestehen. Der Boden ist unter den Himbeeren mit Humusmassen abzudecken.

Die Früchte werden roh genossen und zu Saft oder Sirup verarbeitet. Außerdem geben sie ein wohlschmeckendes Kompott und mit anderen Früchten zusammen (weil sie selbst nicht gelieren) eine gute Marmelade. Zur Verbesserung des Geschmacks werden sie manchem Süßmost in kleinen Mengen beigefügt.

Himbeersirup kommt bei Rheuma, Magen- und Darmbeschwerden und anderen Erkrankungen zur Anwendung. Bei Halsentzündung gurgelt man mit Himbeeressig. Himbeeren roh, als Kompott, Sirup oder Essig wirken kühlend und heilend bei Fieber.

Die Bienen befliegen die blühenden Himbeerpflanzen sehr gern. Leider saugen die Wespen mit Vorliebe die reifen Früchte aus.

Bei Trockenheit kommen die letzten Beeren meistens nicht mehr richtig zur Entwicklung.

Neben den gewöhnlichen Himbeeren könnte noch *Rubus phoenicolasius* Maxim., die J a p a n i s c h e W e i n b e e r e, auch R o t z o t t i g e H i m b e e r e genannt, an manchen Stellen als Heckenpflanze Verwendung finden. Ihre Heimat ist Japan und China. Sie treibt bis 2,50 m hohe, aufrechte, später überhängende Ruten, die mit roten Drüsenborsten besetzt sind. Die an ihnen zur Entwicklung kommenden Blätter sind oberseits dunkelgrün, unten dicht weißfilzig.

Die rosa Blüten, deren Kronenblätter viel kleiner als der Kelch sind, stehen in vielblumigen Trauben. Sie erscheinen Juni/Juli. Aus ihnen entwickeln sich die kleinen, lebhaft roten, vom rotborstigen Kelch umgebenen zierenden und wohlschmeckenden Früchte.

Die Pflanzen sind ziemlich widerstandsfähig und entwickeln sich ähnlich den gewöhnlichen Himbeeren.

Gleichfalls erwähnt seien noch die B l ü t e n h i m b e e r e, auch W o h l r i e c h e n d e H i m b e e r e genannt, *Rubus odoratus* L.. Beheimatet ist sie in den Wäldern und an den steinigen Hängen Nordamerikas, von Neuschottland und Ontario bis Michigan, Georgia, Alabama und Tennessee. Durch ihre purpurroten, stark duftenden, bis 5 cm breiten Blüten, die in kurzen vielblütigen Rispen beisammenstehen, können sie Windschutz und Zierde der Anlage sein. Die Blütenstände entwickeln sich am Ende langer Seitentriebe. Sie blühen von Juli/August ab bis zum Herbst.

Als Nachteil wäre hervorzuheben, daß sich die aufrecht buschig wachsenden und 1—2 m hoch werdenden Pflanzen durch ihre Ausläuferbildung in dem frischen Boden und der halbschattigen Lage, die ihnen besonders zusagen, eventuell zu stark entwickeln können.

Ihre flachhalbkugeligen, purpurroten Früchte lassen sich gut verwenden.
Die Pflanzen gedeihen selbst in schlechtestem Boden.

Himbeere

Bei der Vermehrung unserer Him- und Brombeeren kommt die Aussaat nur für botanische Arten, nicht für Gartenformen in Frage, z. B. wohl bei der gewöhnlichen Sandbrombeere, auch der Japanischen Weinbeere; sonst wird man, abgesehen von der Stecklingsvermehrung aus Seitentrieben und der Teilung bei Ausläufer treibenden Sorten, am einfachsten und schnellsten durch Wurzelschnittlinge zu großen Mengen junger Pflanzen kommen. Zu diesem Zweck werden diese Schnittlinge im November von starken Wurzeln in einer Länge von 5 bis 10 cm geschnitten und im Mistbeet zur Bewurzelung gebracht.

III. Die Pflanzung

1. Beschaffung von Setzlingen

Durch Kauf

Im allgemeinen wird man die für eine Hecken- oder andere Pflanzung benötigten Bäume oder Sträucher nicht selbst heranziehen, sondern solche Pflanzen kaufen. Nur bestimmte Betriebe befassen sich mit der Anzucht von Wildpflanzen. Die Bestellung bei einer größeren Baumschule wird aber meist durch die Vermittlung der Pflanzen innerhalb der Betriebe die restlose Beschaffung der gewünschten Gehölze ermöglichen. Bei besonderen Schwierigkeiten werden sogenannte Sortimentsbaumschulen wohl noch am ehesten liefern können.

Durch eigene Anzucht

Vermehrung durch Samen bzw. Früchte

Die Anzucht ist bei manchen Gehölzen sehr einfach, wenn es sich nur um die Aussaat in entsprechend vorbereiteten Boden handelt. Bei einem anderen Teil der besprochenen Pflanzen wird es Schwierigkeiten geben, einmal wegen der Beschaffung des nötigen Samens, der nur von wenigen Betrieben gehandelt wird, und zum anderen, weil ein Teil des Samens überliegt, d. h. er kommt nicht im Aussaatjahr zum Keimen.

Was die Zeit der Samengewinnung anbelangt, so sind bei ihr einige wichtige Punkte zu beachten. Nicht immer sollte man den vollen Reifezustand der Früchte abwarten. Manchmal, z. B. beim Feuerdorn und der Schlehe, ist es besser, den Samen schon kurz vor dem Ausreifen der Früchte zu ernten.

Andererseits wird die Keimfähigkeit der Samen bei einigen spätreifenden Früchten, wie beim Weißdorn, der Japanischen Quitte und der Rose, dann besser sein, wenn man sie erst etwas durchfrieren läßt, ehe die Samen den Früchten entnommen werden.

Kleinere, beerenartige, mit wenig Fruchtfleisch und wenigen Samen ausgestattete Früchte, z. B. die der Berberitze, Zwergmispel und auch der Kornelkirsche, wird man vorteilhaft frisch aussäen.

Dagegen sind alle anderen Samen gleich nach der Ernte der Früchte aus diesen zu gewinnen. Man wird z. B. die fleischigen Beeren zerkleinern, eventuell auch wohl etwas angären lassen und dann die Samen auswaschen. Das Fruchtfleisch läßt sich unter Umständen auch mit dem Schlauch ausspülen, so daß allein die Samen zurückbleiben. Dabei schwimmen häufig die tauben, nicht keimfähigen, weil sie leichter als die lebenskräftigen sind, gleich mit fort.

Trockene Früchte, wie Bucheln und Eicheln, sollen erst völlig lufttrocken sein, ehe sie, luftig und kühl, in Säckchen aufgehängt werden, falls kein Einschichten notwendig ist.

Stratifizieren

Das Einschichten, auch Stratifizieren genannt, wird bei allem hartschaligen, schwerkeimenden Saatgut vorgenommen. Die Arbeit besteht darin, daß man die gereinigten Samen schichtweise in nicht zu feuchten, scharfkörnigen, lockeren Sand oder eventuell auch Sägespäne in Kisten, Blumentöpfe u. ä. legt. Diese werden frostfrei und mäusesicher eingegraben oder im Keller aufbewahrt.

Das Einschichten hat die Aufgabe, die Keimkraft der Samen soweit zu erhalten, daß man sie im Frühjahr (bei einzelnen Arten, die frostempfindlich sind, wird man bis Mai warten müssen) aussäen kann und das Keimen und Austreiben anschließend gleich beginnt. Einzelne Betriebe mischen den Sand auch gleich mit den Samen und decken dann den Behälter mit Moos oder einem anderen Material gegen das Austrocknen ab. Weiterhin werden die Samen einzelner Arten während des Winters verschiedentlich umgeschaufelt.

Da manche Samen im Einschlag ihre Wurzeln schon frühzeitig zeigen, ist zum Frühjahr hin häufiger nachzusehen. Wenn das Keimen beginnt, wird ausgelegt oder, wenn dies der Witterung wegen noch nicht möglich ist, der Samen entsprechend kühler oder trockener gehalten. Zu hohe Wärme im Winter kann der Keimfähigkeit mehr schaden als Kälte.

Die Samen haben ganz verschieden lange Keimfähigkeit. Bei einigen Samen, wie z. B. dem der Weiden, hält sie nur Tage an, bei der Ulme ist sie nach Wochen beendet, dagegen bleibt sie bei fast allen anderen Heckengehölzen 1, 2 und mehrere Jahre **erhalten.**

Hartschalige Samen kann man durch Übergießen mit kochendem Wasser kurz vor der Aussaat eher zum Keimen bringen. Es wird auch empfohlen, Heckenrosen- und Weißdornsamen vor dem Einschichten bzw. Aussäen 24 Stunden in 3%ige Schwefelsäure oder 10 Stunden in 2%ige Salzsäurelösung zu legen. Selbst konzentrierte Schwefelsäure läßt sich verwenden, um dadurch die äußeren Samenschalen etwas zum Verkohlen zu bringen. Die Säure wird anschließend durch Auswaschen mit Kalkmilch wieder neutralisiert. Die Samen müssen aber vor der Behandlung trocken sein, weil sonst die einsetzende stärkere Erwärmung der Keimkraft schaden könnte.

Über die Aussaat ist noch zu sagen, daß es manchmal durch rechtzeitige Ernte, Reinigung und Aussaat gelingt, die Wartezeit abzukürzen und das Keimen auch bei sonst ein Jahr überliegenden Samen schon im nächsten Frühjahr zu ermöglichen. Dies trifft für Feuerdorn, Mahonie und Schlehe dann zu, wenn das Auslegen nicht nach September erfolgte.

Vor dem Einschichten wird man die Samen häufig erst noch 24 Stunden in Wasser legen, damit sie auf jeden Fall für das spätere Quellen und Keimen ausreichende Feuchtigkeit enthalten.

Zu beachten ist weiterhin noch, daß schon im Frühjahr reifende Samen, ebenso wie solche, die sich bei der Reife vom Gehölz ablösen, sofort ausgesät werden müssen, sonst verlieren sie ihre Keimkraft. Trockene harte Samen-

Aussaatzeiten

schalen begünstigen meistens eine längere Keimkraft. Fette Samen hingegen verlieren durch ihr Ranzigwerden die Lebenskraft schneller. Samen mit fleischiger Hülle müssen baldmöglichst ausgesät oder eingeschichtet werden.

Der B o d e n ist für die Aussaat auf 50—60 cm Tiefe zu lockern, entweder durch Rigolen oder durch tiefes Pflügen mit Untergrundlockerer. Soweit notwendig, wird er gekalkt und mit Humusstoffen entsprechend verbessert. Frischer tierischer Dünger und stickstoffhaltige Handelsdüngergaben sind zu vermeiden. Phosphor und Kali können unter Umständen bei der Bodenbearbeitung in geringen Mengen gegeben werden.

Die vorgenannten Arbeiten sind möglichst schon im Herbst auszuführen. A l s A u s s a a t z e i t e n kommen bei den meisten Pflanzen die Monate März und April in Frage oder die Zeit nach der Samenreife, d. h. bei Kirsche und Pfirsich z. B. Juli und August. Bei den zu stratifizierenden Samen könnte auch eine Aussaat im September und Oktober erfolgen, wenn nicht die Gefahr des Mäusefraßes, zu starke Verunkrautung und andere Gründe dem entgegenstehen.

Besonders leicht keimen Eiche, Roßkastanie und Buche, während andererseits Weißdorn, Mispel, Rose und die Sorbusarten besonders schwer zum Keimen zu bringen sind.

Die Samen kommen etwa 3—4mal so tief in die Erde, wie sie dick sind. Bei einer Saattiefe von über 5 cm ist der Prozentsatz der keimenden Samen geringer.

Nach der Aussaat werden die Samen mit Erde bedeckt. Diese wird leicht angedrückt. Bei trockenem Boden wird noch angegossen. Auf keinen Fall dürfen die Samen aber eingeschlämmt werden.

Um den Boden feucht und unkrautfrei zu halten, wird auf die Saatbeete eine A b d e c k e von humushaltigem Material gegeben, was wesentlich zur Förderung und Gesunderhaltung der Keimlinge beiträgt.

Nachdem die Pflanzen 5—10 cm Höhe erreicht haben, ist bei zu dichtem Stand das Verziehen angebracht, damit die Sämlinge nicht vergeilen. Das P i k i e r e n junger Pflanzen unter Einkürzung der Wurzeln ermöglicht später ein leichteres Anwachsen. Bei dem weiteren Stand entwickeln sich die Pflanzen auch gedrungener.

Nach Abschluß des Wachstums im ersten Jahre werden die Gehölze dann in entsprechendem Abstand verschult, um sie, je nach der Pflanzart, als 2- bis 3jährige oder auch ältere Sämlinge für das Setzen an Ort und Stelle zu verwenden.

Durch A u s s a a t lassen sich vermehren: Apfelbeere, Berberitze, Felsenbirne, Haselnuß, Holunder, Japanische Quitte, Kornelkirsche, Ölweide, Mahonie, Maulbeere (Weiße), Rose, Sanddorn, Wacholder, Zwergmispel, die Sorbus-, Pyrus-, Malus- und Prunus-Arten u. a.

Steckholz-Vermehrung

Ungeschlechtliche Vermehrung

Bei der ungeschlechtlichen Vermehrung gibt es verschiedene Möglichkeiten: Die S t e c k h o l z v e r m e h r u n g ist bei Gehölzen, die leicht aus 1jährigem Holz Wurzeln bilden, verbreitet. Sie erfolgt im unbelaubten Zustande der Pflanzen.

Die Vermehrung durch krautartige und verholzte S t e c k l i n g e wird im belaubten Zustande der Gehölze ausgeführt.

Das A b l e g e n o d e r A b s e n k e n erfolgt mit 1- oder 2jährigen Trieben. Beim A n h ä u f e l n der Mutterpflanzen können im Herbst die einzelnen, bewurzelten Triebe abgetrennt werden.

Die Vermehrung durch A u s l ä u f e r kennt man von Himbeere, Blütenhimbeere, Schlehe, Sanddorn, Frühe Traubenkirsche.

Die Vermehrung durch W u r z e l s c h n i t t l i n g e ist dann möglich, wenn das Gehölz willig aus Wurzeln Sprosse bildet, wie dies bei Brombeere der Fall ist.

Für die V e r e d l u n g ist e i n e U n t e r l a g e, also eine zweite Pflanze der gleichen Art, nötig. Auf diese Weise werden die Formen und Spielarten jener Gehölze vermehrt, die überhaupt keinen Samen erzeugen, die aus Samen nicht echt fallen oder bei denen eine andere Vermehrungsmethode keinen Erfolg verspricht.

Als Veredlungsarten sind die O k u l a t i o n auf das schlafende oder treibende Auge, die K o p u l a t i o n , das G e i ß f u ß p f r o p f e n , das A n p l a t t e n und bei älteren Obstgehölzen das P f r o p f e n h i n t e r d i e R i n d e zu nennen.

Vermehrung durch Steckholz

Es werden in den Monaten Dezember und Januar (bei wenigen Arten, z. B. der Johannisbeere, schon im September), 10—20 cm lange, ausgereifte Stücke, meist einjährige Triebe, geschnitten. Damit sich leichter Kallus bilden kann, führt man die Arbeit mit dem Messer aus.

Gesteckt wird entweder sofort oder, was die Regel ist, erst im Frühjahr auf gut gelockerten Beeten. Bis dahin werden die Hölzer, zu 50 mit einer Weide gebunden und dauerhaft etikettiert, eingeschlagen. Man hält einen Reihenabstand von 25 cm inne und sticht mit einem Spaten oder Pflanzholz entsprechende Spalten bzw. Löcher (nach einer gespannten Schnur), in die das Steckholz so tief hineingebracht wird, daß nur etwa 2—3 cm, also höchstens 2—3 Augen, aus der Erde ragen. Auch in lockerem Boden darf man die Steckhölzer nicht einfach in den Boden hineinstecken. Es würde sonst dadurch die Kambialschicht gerade an der Stelle geschädigt werden, wo sie einen Wundkallus bzw. Wurzeln bilden soll, so daß das Anwachsen des Steckholzes schwer oder unmöglich würde.

Stecklinge, Absenker

Man wird das Steckholz am unteren Ende dicht unter einem Auge schneiden, weil hierdurch der Schnitt an einer Stelle erfolgt, die besonders viele Nährstoffreserven für das Anwachsen enthält. Am oberen Ende bleibt ein kleiner Zapfen stehen, der das Eintrocknen der oberen Augen verhindert. Nach dem Stecken werden die Beete mit Humus, Torfmull, verrottetem Dünger oder anderem Material gegen das Austrocknen abgedeckt.

Auf die vorgenannte Weise werden z. B. vermehrt: Berberitze, Japanische Quitte, Ölweide, Sanddorn, Stachel- und Johannisbeere, Rose, Holunder.

Vermehrung durch krautige Stecklinge

Es werden dazu belaubte Triebe oder Triebspitzen verwendet, und zwar dann, wenn das Holz etwa mittelhart geworden ist. Von zu weichen Trieben verfaulen die Stecklinge leicht, von sehr verholzten ist die Bewurzelung zu langsam oder erfolgt gar nicht mehr. Auch die Länge der Stecklinge ist wichtig. Meist sind sie 4—8 cm lang und tragen 2—3 Blattpaare, die etwas eingekürzt werden. Der Schnitt muß auch bei ihnen mit dem Messer dicht unter dem letzten Auge erfolgen; bei gegenständigen Blättern waagerecht, sonst leicht schräg.

Das Stecken findet fast immer im Hause oder Kasten statt in ein Gemisch von Sand und Torfmull, über das 2—3 cm reiner gewaschener Sand aufgetragen wurde. Ein Angießen, damit fester Stand vorhanden ist, ist nötig.

Die beste Zeit des Steckens ist der Juni. Auch hier darf das Kambium nicht beschädigt werden; deswegen sind vorher Löcher vorzubohren. Auf nicht zu tiefes Stecken, Abdecken durch Glas, gespannte Luft am Anfang, Schatten und Feuchthalten nach Bedarf ist zu achten.

Sobald die Stecklinge angewurzelt sind, werden sie eingetopft und später, je nach ihrer Entwicklung, ausgepflanzt oder weiter aufgeschult.

Pflanzen, von denen Krautstecklinge geschnitten werden können, sind: Berberitzen, Gartenheidelbeere und Feuerdorn.

Vermehrung durch Ableger oder Absenker

Zu diesem Zwecke werden vorsichtig heruntergebogene Triebe mit Holzhaken an der Erde befestigt und ihre Triebspitzen, etwa bis 30 cm lang, an Pfählchen befestigt, damit sie senkrecht stehen. Besteht die Gefahr, daß härteres Holz beim Herabbiegen bricht, dann wird der Trieb wie bei den Bindeweiden erst etwas in sich gedreht. Die Biegestelle kommt entweder einige Zentimeter in die Erde, oder man häufelt sie entsprechend an. Manchmal wird auch, wie z. B. bei der Stachelbeere, die ganze Rute auf oder flach in die Erde gelegt. Die Bewurzelung der aus den Augen sich entwickelnden Triebe geht verhältnismäßig schnell vor sich.

Haben die Pflanzen eine gewisse Höhe erreicht, dann häufelt man sie mit lockerem, humosem Boden an, was das Wurzelwachstum sehr begünstigt.

Bodenvorbereitung

Nach der Bewurzelung werden die Ableger von der Mutterpflanze abgetrennt und meist anschließend aufgeschult, damit sie noch etwas kräftiger werden. Für diese Vermehrungsart kommen in Frage: Haselnuß, Stachelbeere, Ölweide, Büffelbeere, Japanische Quitte, Kornelkirsche und Brombeere.

Anhäufeln

Diese Vermehrungsart kommt vielfach bei den sich leicht bewurzelnden Unterlagen unserer Obstgehölze zur Anwendung. Dazu schneidet man die Mutterpflanzen erst scharf zurück, damit sich viele junge Triebe bilden. Diese werden nun im Juni, wenn sie anfangen, etwas zu verholzen, langsam angehäufelt. Die bis zum Herbst mit Wurzeln versehenen Schößlinge schneidet man nach dem Laubfall von der Mutterpflanze ab und schult sie anschließend ein Jahr auf.

Vermehrung durch Ausläufer

Es werden die sich außerhalb des Wurzelstockes bildenden Triebe zum Herbst abgetrennt und entsprechend ihrer Entwicklung bzw. Bewurzelung weiterbehandelt.
Für dieses Verfahren sind Himbeeren, Sanddorn und Schlehe geeignet.

Vermehrung durch Wurzelschnittlinge

Diese Art kann dort angewendet werden, wo es nötig ist, Wurzelstücke und Wurzeltriebe zur Entwicklung zu bringen. Man schneidet 5—10 cm lange, bleistift- bis fingerdicke Wurzelstücke an beiden Enden ganz waagerecht mit dem Messer ab. Gesteckt wird seltener im Beet, meist im Hause in Handkästen. Die Wurzelstücke kommen im Dezember und Januar aufrecht hinein, werden gut abgedeckt, dunkel gestellt, warm gehalten. Sie treiben dann zum Frühjahr aus. Sobald sich Triebspitzen zeigen, sind sie heller zu stellen.
Besonders Japanische Quitte und Brombeere lassen sich so gut und rasch vermehren.

Veredeln

Auf die Technik des Veredelns braucht im Rahmen dieser Schrift nicht näher eingegangen zu werden. Es gibt darüber spezielle Literatur. Quitte, Mandel, Mispel und Schwarze Maulbeere werden auf diese Weise vermehrt.

2. Die Vorbereitung des Bodens vor der Pflanzung

Vor der Pflanzung von Gehölzen ist auf jeden Fall der Boden gründlich vorzubereiten, wenn es sich nicht um von vornherein ausreichend bearbeiteten Kulturboden handelt.
Für eine Heckenanlage innerhalb eines Grundstückes gräbt man den Boden etwa 50—60 cm tief um oder r i g o l t ihn, beides in einer Breite von ungefähr

Bodenbearbeitung

einem Meter, wobei zu beachten ist, daß der gute Kulturboden nicht in den Untergrund, sondern nach dem Umarbeiten der unteren Schichten wieder obenauf zu liegen kommt.

Eine gleichzeitige Verbesserung der oberen Bodenschicht durch verrotteten Dünger, Kompost, Torf oder andere Humusstoffe ist dabei möglich.

Von unverrottetem, frischem Dünger ist in jedem Falle abzusehen, da er mehr schaden als nützen würde. Wenn er schon zur Verfügung steht und verbraucht werden soll, dann kann man ihn nach dem Pflanzen zum Abdecken des Bodens verwenden.

Auch eine sogenannte Vorratsdüngung soll vermieden werden. Einmal können die gegebenen Salze in ihrer Konzentration den jungen, sich bildenden Wurzeln schaden, zum andern wachsen die Wurzeln in kurzer Zeit über die Pflanzstelle hinaus und gelangen so in weniger nährstoffreichen Boden.

Man gibt am besten die Nährsalze in flüssiger Form nach 1—2 Jahren. Hierdurch wird eine wesentlich bessere Verteilung und eine schnellere Aufnahme der Nahrung erreicht.

Schwerer Boden kann mit Sand oder Mergel, leichter Boden mit Lehm und Humusstoffen verbessert werden. Das ist jedoch eine Arbeit, die auf größeren Flächen schon der Kosten wegen unterbleiben wird.

Da nur ein leichter Schnitt zur Formgebung angewendet wird, entwickelt sich das Wurzelwerk der Pflanzen im Gegensatz zu dem der regelmäßig geschnittenen Hecken wesentlich stärker. Wo es möglich ist, wird man deswegen auch den Boden in einer größeren Breite durcharbeiten als bei den Hecken mit strengem Schnitt.

Größere Mengen von Humus in leichteren Boden gebracht, verbessern dessen wasserhaltende Kraft. Gießwasser bzw. Regenwasser kann dann nicht mehr so schnell in den Untergrund versickern, und die Nährstoffe werden im Boden leichter festgehalten. Der Boden wird also tätiger und fruchtbarer.

Ein humusreicher Boden sorgt für bessere Durchlüftung, rege Bakterientätigkeit und damit auch wieder für ein günstigeres Pflanzenwachstum.

Es ist anzuraten, die Bodenvorbereitung in jedem Falle schon im Herbst oder Winter vorzunehmen, damit Winterfeuchtigkeit und Frost sich auswirken können. Die umgearbeitete Erde setzt sich, wodurch die Setzlinge bei der Pflanzung nicht mehr zu tief in den Boden kommen. Den aus Stecklingen herangezogenen Pflanzen würde das zwar nicht schaden, wohl aber den Sämlingen, wenn sie tiefer als bis zum Wurzelhals zum Stehen kommen. Denn eher wird die Wurzel den Charakter des Stammes annehmen als der Stamm den der Wurzel. Zu tiefe Pflanzung macht sich auch nach vielen Jahren immer noch nachteilig bemerkbar.

Soll eine Hecke außerhalb des intensiv bearbeiteten Gartengeländes angepflanzt werden, dann wird man im allgemeinen mit tiefem Pflügen auskommen müssen. Die in diesem Falle ausgewählten Heckenpflanzen müssen wi-

Das Pflanzen

derstandsfähig sein und ohne besondere Pflege auskommen können. Wenn der Boden mit Humusstoffen verbessert werden kann, soweit dieses notwendig erscheint, so ist das für das Anwachsen der jungen Pflänzlinge bestimmt von Vorteil.

Soweit erforderlich, käme nur eine Neutralisierung des Bodens durch Kalk in Frage, wozu man bei schwerem Boden Ätzkalk, bei leichterem kohlensauren Kalk nimmt.

Eine dritte Möglichkeit der Bodenvorbereitung ist noch das A u s h e b e n d e r P f l a n z l ö c h e r, wenn es sich um weitläufigere Pflanzung handelt, wie man sie z. B. bei Windschutzpflanzungen mit Hilfe größerer baumartiger Gehölze vornehmen wird.

Soll eine dichte Hecke gegen das Eindringen von Wild angelegt werden, die auch entsprechend geschnitten werden muß, dann wird unter Umständen das Ausheben eines Pflanzgrabens mit anschließender Verbesserung des ausgehobenen Bodens anzuraten sein.

Die Hecke wird h a s e n s i c h e r, wenn man die Pflanzen dicht an einen 1,50 m hohen und 20 cm tief in den Boden eingelassenen Drahtzaun pflanzt. Der Draht darf nicht schwächer als 1,5 mm sein, sonst wird er durchgebissen. Die Größe der Maschen sollte nicht über 4 cm betragen. Der Draht wächst mit der Zeit ein.

3. Das Pflanzen

Am richtigsten wäre es, man könnte die Gehölze gleich nach dem Transport bzw. Auspacken an Ort und Stelle setzen. Häufig wird dies nicht möglich sein. Dann müssen die Pflanzen möglichst nahe der Verwendungsstelle erst einmal eingeschlagen werden.

Zu diesem Zwecke werden Gräben ausgehoben, so breit und tief, daß die Wurzeln der Gehölze darin Platz finden, die Ballen ausgepackt, die Bündel geöffnet und die Pflanzen so weit auseinander hineingestellt, daß beim Einfüllen des lockeren, nicht scholligen Bodens keine Hohlräume entstehen und die Wurzeln allseitig von Boden umschlossen sind.

Sind die Pflanzen bis zum Wurzelhalse eingeschlagen, und ist der Boden nicht zu feucht, dann können die Gehölze, ohne Schaden zu nehmen, den Winter im Einschlag stehen. Haben sich zum Frühjahr aus dem alten Holze bereits junge Wurzeln gebildet, dann sollten die Pflanzen möglichst rasch gesetzt werden, damit die Austriebe nicht vertrocknen.

Kommen die Setzlinge bei Frostwetter an, dann sind sie unausgepackt bis zum Auftauen, in einem frostfreien, kühlen Raum zu lagern und erst danach einzuschlagen oder zu pflanzen.

Wenn die Pflanzen unterwegs trocken geworden sind, wässert man sie etwa 12—14 Stunden, nachdem man sie ausgepackt und die Wurzeln neu angeschnitten hat.

Das Pflanzen

Die Pflanzzeit wird sich in der Hauptsache auf den Herbst und das Frühjahr beschränken. Soweit wie möglich ist die Herbstpflanzung der Frühjahrspflanzung vorzuziehen, da die Pflanzen dann schon vor dem Winter etwas anwurzeln können. Denn der Boden setzt sich bis zum Frühjahr, die Feuchtigkeit des Winters wird in der Erde gespeichert, und das Wachstum kann im Frühjahr sofort beginnen. Besonders wichtig ist dies z. B. bei Stachel- und Johannisbeeren, deren Austrieb nicht, wie bei den anderen holzartigen Gewächsen, im April, sondern schon bei günstigerer Witterung im Februar/März beginnt.

In feuchten Lagen wird es aber vorteilhafter sein, die Pflanzung auf das Frühjahr zu verlegen, damit die beim Herausnehmen aus der Baumschule beschädigten Wurzeln durch die Feuchtigkeit des Winters nicht faulen. Die Pflanzen würden dann im Frühjahr nicht mehr austreiben, sondern vertrocknen.

Unter Herbst versteht man die Zeit vom Abfallen der Blätter bis zum Einfrieren des Bodens, also etwa die Monate Oktober und November, manchmal auch noch Dezember. Als Frühjahr bezeichnet man die Zeit von der Beendigung der Winterfröste an bis zum Austreiben der Gehölze, also die Monate März und April bis Mai.

Einige Bäume und Sträucher werden doch besser im Frühjahr gesetzt. Es handelt sich um die hartholzigen Gehölze mit geringer verzweigtem Wurzelsystem, die man möglichst als mehrmals verpflanzte Setzlinge kauft. Sie sind zwar etwas teurer, aber eine größere Gewähr für das Anwachsen ist gegeben. Die Rotbuche pflanzt man, wenn sich die Knospen lockern. Auch Eiche, Weißdorn und Nußbaum setzt man besser im Frühjahr.

Im Gegensatz zu den Laubgehölzen sollten die Nadelhölzer zur Zeit des Frühjahrsaustriebes etwa April, Mai oder von August bis September gepflanzt werden. Nur so besteht eine sichere Möglichkeit des Anwachsens. Vor dem Pflanzen werden beschädigte Wurzeln mit einem Messer glattgeschnitten. Die Schnittfläche soll bei dickeren Wurzeln nach unten zeigen. Wurzelzöpfe werden gelockert oder entfernt, damit keine Hohlräume entstehen und alle Wurzelteile Feuchtigkeit und Nahrung aufnehmen können.

Das Anwachsen ist auch in ungünstigen Jahren gewährleistet, wenn man die Wurzeln vor dem Pflanzen in Lehmbrei taucht, der das Austrocknen verhindert und schnell Wasser anzieht.

Nach dem Pflanzen wird kräftig angegossen, um die feuchte Erde besser an die Wurzeln zu bringen und evtl. noch vorhandene Hohlräume auszufüllen. Entsprechend der verkleinerten Wurzel werden Setzlinge zurückgeschnitten. Bei Hecken geschieht dies bis fast auf den Wurzelhals, wenn man von unten auf eine gute Verzweigung erreichen will. Der starke Rückschnitt wird gewöhnlich erst im 2. Jahre nach der Pflanzung vorgenommen, um der Wurzel durch die sofortige Wegnahme der oberen, blättertragenden Triebe nicht die Wachstumsmöglichkeit zu begrenzen. Die Hecke erreicht eine auch für kleinere Tiere undurchdringliche Dichte, wenn man die jungen Zweige miteinander bzw. mit den Nachbarpflanzen verflicht.

Das Pflanzen

Da frisch rigolter und tief gelockerter Boden sich mit der Zeit setzt, sind die Pflänzlinge auf leichterem Boden etwa 10, auf schwererem 15—20 cm gegen den ungelockerten Boden zu hoch zu setzen. Diese Höhe richtet sich aber ganz nach der Tiefe der Bodenlockerung.

Nadelhölzer sind besonders sorgfältig zu gießen, auch im Herbst, da sie bei Trockenheit und Wind die Nadeln verlieren und auch vertrocknen würden.

Die Ballenumhüllung wird vor dem Einfüllen der Erde gelockert und breitgelegt, so daß sie die Wurzelentwicklung nicht behindern kann.

Baumartige Gehölze erhalten in windiger Lage am besten einen Pfahl, der entweder gegen die Windrichtung oder auf die Südseite oder an Straßen auf die der Straße zugewandten Seite zu setzen ist. Er soll mit seiner Spitze im gewachsenen Boden stehen, eine Zopfstärke von 8 cm haben und nach dem Pflanzen des Baumes eine Handbreit unter dem untersten Kronenast endigen. Bei Heistern wird man ihm eine solche Länge geben, daß er der Pflanze einen wirklichen Schutz gegen Winde bietet. Natürlich sollte der Pfahl aus festem Holz, gerade und ohne Knorren gewachsen und geschält sein. Sein Abstand von dem Baume betrage am Boden etwa 10 cm. Angebunden wird später mit Kokosstricken, Plastik-Bindebändern oder anderem festem Material, nicht aber mit schmalen Bindfäden, Garbenbändern oder scharfen Drähten, da das für die Pflanze gefährlich werden könnte. Das Band soll den Stamm, ohne daß er am Pfahl scheuern kann, festhalten, darf aber nicht so straff sitzen, daß es den Baum abschnürt oder erstickt.

Gleich nach dem Pflanzen bindet man die Gehölze erst nur lose, (z. B. mit einer Weide) in Form einer 8 am Pfahl an, damit die Pflanze nachrutscht, wenn sich die Erde setzt und nicht wie am Galgen aufgehängt ist.

Weil die Wurzeln der Gehölze nicht durch Unkrautwuchs behindert werden sollen, wird am besten eine Baumscheibe im Umfange des Pflanzloches angelegt, die nach dem Baume zu etwas vertieft sein möchte, um Gießwasser besser zu halten. Man bringt dabei gleichzeitig die überschüssige Erde unter, die infolge der Bodenlockerung nicht in das Pflanzloch hineinpaßt, aber später, wenn sich der Boden gesetzt hat, dringend gebraucht wird. Gegen das Austrocknen des Bodens und zur Unterdrückung des Unkrautes ist es vorteilhaft, Pflanzstellen mit halb verrottetem Material, Kompost, Dünger, Laub, Torf usw. abzudecken. Dabei ist es wichtig, daß der Stamm selbst frei bleibt.

Der Pflanzenabstand richtet sich nach der Art der Hecke und der Pflanze. Groß werdende Gehölze müssen, wenn sie sich auswachsen und Früchte bringen sollen, entsprechend weit gesetzt werden, wie bei der Beschreibung der einzelnen Pflanzen angegeben wurde.

IV. Die Pflege der Hecke

1. Bodenpflege, Düngung

Bei Hecken, besonders in Gärten und kleineren Anlagen, ist ein flaches U m -
g r a b e n   d e s   B o d e n s neben der Hecke in der ersten Zeit manchmal von
ausschlaggebender Bedeutung für die weitere gute Entwicklung. Tief zu
lockern, wäre falsch, da dadurch die Wurzeln der Gehölze, die in den ersten
Jahren nach dem Umpflanzen meist recht flach liegen, zu stark beschädigt würden und weil die niedrigen Heckenpflanzen vielfach auch Flachwurzler sind.
Dem Einzelbaum oder der Gehölzgruppe gibt man in den ersten Jahren eine
entsprechende Baumscheibe, damit ihre Wurzeln sich nicht schon von Anfang
an mit den fremden Wurzeln der Unkräuter um die Nahrung streiten müssen.
Später werden gerade die baumartigen Gehölze sich soweit durchsetzen, daß
sie weiter keine Wurzelpflege mehr nötig haben. Auch hier ist zu tiefe Bodenbearbeitung nicht am Platze; häufiger und flach ist besser als seltener und tief
zu lockern.

Zu vermeiden ist eine tiefere Bodenbearbeitung besonders während des
Wachstums, da in dieser Zeit die Wurzeln Beschädigungen besonders schlecht
vertragen. Es kostet weniger Arbeit, verursacht keine Schäden und kommt
dem natürlichen Stande näher, wenn man den Boden unter den Pflanzen und
um sie herum weniger bearbeitet, dafür aber soweit wie möglich abdeckt.

In der Natur gibt es entweder eine vollkommen kahle Fläche, auf der auch
bei einem Versuch nichts wächst, oder man findet auf der Erde eine aus den
verschiedensten Pflanzen zusammengesetzte Pflanzendecke vor. Da Unkräuter
nicht unbedingt erwünscht sind, deckt man den Boden ab und erreicht dabei
zugleich, daß der Boden feucht bleibt und eine gleichmäßige Temperatur aufweist. Sein Bakterienleben wird belebt, erhalten und schafft immer neue
Humusmengen. Außerdem erübrigt sich nunmehr eine Lockerung des Bodens.
Zu bedenken ist, daß keimende Samen nicht durch sie hindurchwachsen können, weder aus der Erde nach oben noch von der Abdecke in die Erde.

Was zum Abdecken verwendet wird, ist an sich einerlei. Günstig ist es, wenn
damit gleich eine Düngung verbunden sein könnte, also z. B. indem halbverrotteter Dünger oder Laub gegeben wird. Es können aber auch andere Abfälle
sein. Entsäuerter Torfmull eignet sich ebenfalls. Es lassen sich auch die abgeschnittenen jungen Spitzen von Gehölzen, abgeernteten Staudenteile, Mähgut
vom Rasen, Kartoffelkraut u. a. verwenden. Es wird kaum der Fall eintreten,
daß kein Material vorhanden wäre.

Dabei muß beachtet werden, daß eine im Übereifer gegebene zu hohe Deckschicht leicht zur Ansiedlung von Mäusen führt, die unter Umständen durch
ihr Nagen schaden können. In manchen Gegenden ist auch die Möglichkeit
gegeben, daß Maikäfer diese Flächen als für die Eiablage besonders günstig

Humusdüngung

ansehen. Zumeist gleicht aber die Natur diese Nachteile bald selbst wieder aus, so daß fast immer auf die Länge der Zeit gesehen großer Nutzen bei einer wesentlichen Erleichterung der Arbeit besteht.

Neben der Bodenbearbeitung und Bodenbedeckung muß noch an die Z u - f ü h r u n g v o n N a h r u n g gedacht werden. Dabei ist schon bei der Besprechung der einzelnen Gehölze immer wieder betont worden, daß der Humus in seinen verschiedenen Formen die Grundlage jeder Düngung sein muß. Er speichert das Wasser im Boden, soweit es sich um trockene Böden handelt, oder mildert übermäßige Feuchtigkeit, was durch Ableiten des überschüssigen Wassers in den Untergrund geschieht.

Die lockere Beschaffenheit des Bodens ermöglicht weiterhin eine bessere Entwicklung des Bakterienlebens und dadurch wieder ein reicheres Aufschließen der Nährstoffe. Daß der Humus bei seiner Zersetzung selbst wieder Nahrung für die Pflanzenwurzeln freigibt, ist ein weiterer, nicht zu übersehender Nutzen.

Um eine baldige Wirkung des Humus zu erreichen und um ihn nicht vertorfen zu lassen, muß er immer möglichst flach untergebracht oder oben auf der Erde verteilt werden. Je tiefer der Humus in die Erde kommt, um so geringer ist die Möglichkeit der Zersetzung durch die Bodenbakterien. Daneben wird bei der Zersetzung des Humus Kohlendioxid frei, das gerade in den ersten Jahren der Entwicklung unserer Gehölze, wenn sie noch verhältnismäßig niedrig sind, zum Aufbau so besonders nötig ist.

Neben dem Humus sollte aber auch die Zuführung von weiteren Nahrungsgaben nicht versäumt werden, besonders wenn es sich um Flachwurzler handelt.

Ohne Volldüngung kommt eine Pflanze nicht aus, wie uns das Gesetz des Minimums von Justus von Liebig lehrt. Es sagt, daß sich die Aufnahme der Nährstoffe nach der Menge des Nährstoffes richtet, der der Pflanze in der geringsten Menge zur Verfügung steht, unter Berücksichtigung des jeweiligen arteigenen Nahrungsbedürfnisses der Pflanze.

Im Boden fehlen zumeist die Hauptnährelemente Stickstoff, Phosphor, Kalium und Calcium. Dabei ist zu beachten, daß der Stickstoff als wachstumsförderndes Element immer dann in größerer Menge gegeben werden muß, wenn die Pflanze sich kräftig entwickelt und schnell wächst, stark fruchtet, Raupenfraß oder Schnitt erdulden muß und im Alter mit dem Wachstum zu sehr nachläßt. Phosphor und Kalium werden in größeren Gaben dann zuzuführen sein, wenn es Früchte geben soll, Reserven durch Fruchten verbraucht wurden, das Ausreifen der Triebe gegen Frost erreicht oder die Pflanze widerstandsfähiger werden soll.

In welcher Form der Dünger gegeben wird, richtet sich nach dem, was man erreichen will. Wichtiger ist die Frage nach der Zeit der Nahrungszuführung. Hierbei ist grundsätzlich zu sagen, daß Stickstoff seiner leichten Aus-

Mineralische Düngung

waschbarkeit im Boden wegen in Form von Salpeter öfters in kleinen Mengen während der Vegetationszeit verabreicht werden sollte. Als schwefelsaures Ammoniak arbeitet man ihn im zeitigen Frühjahr in nur einer Gabe flach unter, da erst die Umwandlung über die Salpeterform ihn zur Aufnahme kommen läßt.

Phosphorsäure kann man ohne Bedenken in leichtem und in schwerem Boden sowohl im Herbst wie auch im Frühjahr zuführen. Da sie erst spät von den Wurzeln aufgenommen wird, ist im allgemeinen eine Gabe im Sommer nicht angebracht. Wenn einmal doch in der Zeit des Wachstums Phosphorsäure benötigt wird, dann ist sie nur aufgeschlossen zu geben, also z. B. als Superphosphat. Da die Phosphorsäure als Thomasmehl nicht ausgewaschen wird, kann man sie in dieser Form auf Vorrat unterbringen.

Kalium gibt man auf leichteren Böden im Frühjahr, auf schwereren auch zu dieser Zeit oder besonders im Herbst. Es wird sich um 40%iges Kalisalz handeln oder um schwefelsaures, sogenanntes Patentkali.

Den Kalk verabreicht man auf leichteren Böden als kohlensauren, auf schwereren dagegen als gebrannten oder Ätzkalk. Dabei ist zu beachten, daß kohlensaurer Kalk auch auf den feuchteren Boden kommen kann, während der feine, abgelöschte oder gemahlene Ätzkalk nur auf den abgetrockneten Boden gebracht werden darf und sofort flach unterzubringen ist, wenn er nützen soll. Da er mit der Zeit in den Untergrund gewaschen wird, ist ein Untergraben, wenn es sich nicht gerade um einen versauerten Untergrund handelt, falsch.

Über die Art der Unterbringung der Nährstoffe wäre kurz zu sagen, daß Stickstoff auf die Erde oder ganz flach in die Erde kommt. Er wandert allein weiter. Phosphor muß tiefer untergebracht werden, wenn er an die Wurzeln kommen soll. Kali bleibt in schweren Böden ziemlich liegen, in leichteren wandert es mit dem Wasser in die Tiefe. Danach sollte sich seine Unterbringung richten.

An die Wurzeln, besonders wenn sie beschädigt sind, darf auf keinen Fall Düngesalz wegen der beizenden Wirkung kommen. Da sich die Wurzeln, soweit sie als Saugwurzeln die Nahrung aufnehmen können, in der Hauptsache erst in und außerhalb der Kronentraufe befinden, hat ein Düngen nur Zweck, wenn es dort vorgenommen wird. Denn erst in dieser Entfernung ist der Boden so naß, daß mit einer ausreichenden Auflösung der Nährstoffe und einer Aufnahmefähigkeit durch die Pflanzenwurzeln gerechnet werden kann.

Allgemein ist festzustellen, daß die vorgenannten Gehölze dort stehen, wo sie wenig in Wettbewerb mit unseren ausgesprochenen Nutzpflanzen treten und daß sich eine besondere Düngung in vielen Fällen erübrigt. Dort, wo sie mit Kulturpflanzen zusammenstehen, wird sich die Nahrungsgabe in erster Linie nach diesen richten müssen. Für die Gehölze kommt dann nur noch eine zusätzliche entsprechende Düngung in Frage. Es ist aber immer zu bedenken, daß ein gutes Wachstum nur erreicht wird, wenn eine ausreichende Ernährung sichergestellt ist.

2. Schnitt

Hecken, die aus fruchttragenden Gehölzen bestehen, dürfen nicht nach den alten Vorschriften kastenförmig gezogen werden.

Das Wachstum der Gehölze wird bei aller Sonnenwendigkeit doch immer daneben eine entsprechende Breite in Wurzelnähe beanspruchen, die nur dann verloren geht, wenn von einer bestimmten Höhe ab eine Krone gebildet wird. Der Schnitt sollte sich dieser Entwicklung anpassen.

Hierzu ist es notwendig, daß erstens ein Ausgleich der Assimilate über die rohen Nährsalze und zweitens eine entsprechende Freistellung aller Triebe stattfindet, die für eine Blütenknospenbildung in Frage kommen. Soll ein Überschuß der Assimilate eintreten, so darf auf keinen Fall das Gleichgewicht zwischen Wurzel und Krone, das sich beim natürlichen Ablauf des Wachstums unserer Pflanzen im Laufe der Zeit durch das Nachlassen des starken Triebwachstums bildet, dadurch gestört werden. Die Blattmasse an den Zweigen darf nicht immer wieder durch Herumschneiden verkleinert werden, denn dadurch reichen die erzeugten Bildungsstoffe nur gerade wieder zur Ernährung der neugebildeten Triebe aus. Andererseits muß man aber auch die Form so locker halten, daß Licht, Luft und Sonne möglichst tief ins Innere der Pflanzung gelangen können.

In diesen beiden Forderungen liegt der Schnitt der fruchttragenden Heckengehölze begründet. Es wird also je nach dem Charakter der Pflanzung mehr oder weniger das weggenommen, was zu eng steht und sich scheuert und was über eine heckenartige Form hinauswill.

Mit Rücksicht auf brütende Vögel schneidet man möglichst nicht nach dem März und nicht vor Mitte bis Ende August.

Ein Teil der Pflanzen bringt aus dem alten Holz sofort Blüten hervor, während ein anderer erst junge Triebe bildet, an denen dann die Blüten stehen. Während man bei letzteren zur Not noch im Frühjahr schneiden kann, ist bei ersteren der Schnitt um diese Zeit gleichbedeutend mit einem Verlust von einer entsprechenden Anzahl Blüten, so daß man erst nach dem Abblühen schneiden wird.

Es ist jedoch nicht schematisch vorzugehen, da die meisten unserer besprochenen Gehölze im allgemeinen derartig viele Blütenanlagen besitzen, daß das Wegschneiden eines Teiles davon nicht so sehr viel ausmacht.

Wie beim Obstbaumschnitt ist auch hier darauf zu achten, daß direkt über einem Auge geschnitten wird und der Schnitt auch möglichst über einem nach außen gerichteten Auge erfolgt. Aus diesem Grunde wird die Bildung von Ästen dem Wesen des einzelnen Gehölzes entsprechend so weit auseinanderstehend begünstigt, wie es bei der nicht beschnittenen Pflanze auch der Fall sein kann. Wie beim Obstbaumschnitt, ist auch hier von einer Astserienbildung (Quirl) mit 3 bis 5 Ästen abzusehen. Es sei denn, daß man Nistgelegenheiten für freibrütende Vögel schaffen möchte.

3. Pflege

Über die allgemeine Pflege der Pflanzen wäre zu sagen, daß ein gutes Gedeihen nur möglich ist, wenn ihnen die vorhandenen günstigen Lebensbedingungen erhalten bleiben.
Sachgemäßer Schnitt, Bodenbearbeitung und Düngung sind genauso zu beachten wie Schädlinge, Krankheiten und andere ungünstige Einflüsse.
Wie schon ausgeführt, muß z. B. bei Pflanzung um Viehweiden dafür gesorgt werden, daß das Vieh die jungen Triebe nicht abfrißt. In diesem Falle ist also eine Anlage eines Zaunes aus einigen Drähten weit genug von der Pflanzung bzw. das Aufstellen eines Elektrozaunes notwendig. Ferner ist es in den ersten Jahren nach der Pflanzung möglich, daß einzelne, auch den Hasen Futter bietende Gehölze stark verbissen werden. Hier ist die Einzelpflanze durch Drahthosen oder Anbringen von anderen Abwehrstoffen zu schützen. Die geschlossene Pflanzung kann durch Anstrich mit Franzosenöl oder anderen Abwehrmitteln wenigstens etwas vor dem Benagen bewahrt werden.
Auf den Weiden selbst sind einzelstehende Bäume gegen das Befressen durch Weidevieh oder gegen das Umdrücken beim Bescheuern durch Anbringen von drei Pfählen mit Querhölzern zu schützen.
Wallhecken und andere Pflanzungen sind in den ersten Jahren bei trockenem Wetter zu wässern, besonders, wenn sie auf leichterem Boden stehen und keine Bodenbedeckung erhalten haben. Es sind die Baumbänder nachzusehen, daß sie nicht einschneiden oder den Baum strangulieren. Pfähle dürfen nicht scheuern.
Baumscheiben und Flächen um die Hecken sind durch regelmäßiges Hacken und Umgraben im Herbst und Frühjahr unkrautfrei zu halten.
Weiterhin muß unter Umständen Erde nachgefüllt werden, wenn sie sich zu sehr setzte und die Wurzeln freiliegen. Bei nicht ausreichendem Dickenwachstum sind die Stämme gegebenenfalls zu schröpfen, jedoch möglichst nur Ausgang April bzw. Mai und nicht auf der Sonnenseite der Pflanzen.
Schiefgewehte Bäume sind geradezurichten und zu verankern. An Straßen und Wegen muß für das Zurückschneiden und eventuell für das Aufästen gesorgt werden, damit der Verkehr nicht behindert wird.
Heckenpflanzen werden in der Jugend oft durch Winden, wilden Hopfen und hochwachsendes Unkraut, z. B. Melde, Beifuß, Brennesseln, stark in der Entwicklung gehemmt. Dies kann sogar so weit gehen, daß dadurch kahle Stellen entstehen, wenn dagegen nicht rechtzeitig etwas unternommen wird. Entstandene Lücken müssen möglichst bald wieder geschlossen werden, solange die Pflanzen noch jung sind. Rechtzeitiges Ausheben einer ausreichend großen Pflanzgrube und ein Setzen von möglichst gut bewurzelten Pflanzen mit anschließender sorgfältiger Pflege kann hier allein helfen.
Wenn man in den Pflanzen Lebewesen sieht und sie als solche behandelt, dann werden kaum nennenswerte Schäden zu verzeichnen sein. Man wird

Pflege

bei sachgemäßer Pflege Freude und Erfolg an der Pflanzung erleben. Weil es sich um langlebige Gewächse handelt, können noch Kinder und Kindeskinder aus der Anlage Nutzen ziehen. Wird dagegen die Pflege vernachlässigt, so ist die ganze Arbeit umsonst gewesen und neben der Ausgabe noch der Schaden hinzuzurechnen.

V. Schrifttum

Brumm, F. u. K. Mehlisch: Der Baumschulbetrieb. Ein Lehr- und Nachschlagebuch. 2. Aufl., Verlag Eugen Ulmer, Stuttgart, 1964.

Christiansen, W.: Die Zusammensetzung der Knicks in Schleswig-Holstein. Die Heimat (Flensburg), 51. Jahrg., 1941.

Darmer, G.: Der Sanddorn als Wild- und Kulturpflanze. Eine Einführung in die Lebenserscheinungen des Sanddornstrauches und eine Anleitung zum erweiterten Anbau. Verlag Hirzel, Leipzig, 1952.

Dinand, P.: Handbuch der Heilpflanzenkunde. Verlag J. F. Schreiber, Eßlingen, 1938.

Ehlers, M.: Baum und Strauch in der Gestaltung der deutschen Landschaft. Verlag Paul Parey, Berlin, Hamburg, 1960.

Encke, F., Buchheim, G. u. S. Seybold: Zander Handwörterbuch der Pflanzennamen. 11. Aufl., Verlag Eugen Ulmer, Stuttgart, 1979.

Fitschen, J. u. F. Boerner: Gehölzflora. Ein Buch zum Bestimmen der in Deutschland und den angrenzenden Ländern wildwachsenden und angepflanzten Bäume und Sträucher. 5. Aufl., Verlag Quelle & Meyer, Heidelberg, 1959.

Foerster, K.: Winterharte Blütenstauden und Sträucher der Neuzeit. Ein Handbuch für Gärtner und Gartenfreunde, 3. Aufl., Verlag J. J. Weber, Leipzig, 1924.

Gayer, E.: Die Holzarten und ihre Verwendung in der Technik. 6. Aufl. Verlag Dr. Max Jänecke, Hannover, 1949.

Geiger, R.: Das Klima der bodennahen Luftschicht. Ein Lehrbuch der Mikroklimatologie. 3. Aufl., Verlag Friedrich Vieweg & Sohn, Braunschweig, 1950.

Gramberg, E.: Wildgemüse, Wildfrüchte, Haustee. 4. Aufl., Verlag Quelle & Meyer, Leipzig, 1943.

Haenel, K.: Unsere heimischen Vögel, ihr Schutz und ihre Hege. Universitätsdruckerei H. Stürtz A.-G., Würzburg, 1940.

Hegi, G.: Illustrierte Flora von Mitteleuropa. Verlag J. E. Lehmann, München, 1935.

Heuson, R.: Biologischer Wasserbau und Wasserschutz. Siebeneicher-Verlag, Berlin, 1946.

Illner K. u. K. Gandert: Windschutzhecken. Deutscher Bauernverlag, Berlin, 1956.

Junge, E.: Das Strauch- und Schalenobst. Verlag Rudolf Bechtold & Co., Wiesbaden, 1920

Schrifttum

Klein, L.: Unsere Waldbäume, Sträucher und Zwergholzgewächse. Carl Winters Universitätsbuchhandlung, Heidelberg, 1923.

Kochs, J.: Die Verwertung von Wild- und Halbwildfrüchten zu Obstfabrikaten aller Art. Verlag Paul Parey, Berlin, 1917.

Kock, Chr.: Die einstige Bedeutung der Knicks für den bäuerlichen Haushalt. Die Heimat (Flensburg) 46. Jahrg., 1936.

Kragh, G.: Windschutz. Bauernhandbuch für Landwirtschaft und Gartenbau. Verlag Schaper, Hannover, 1949.

Kreutz, W.: Der Windschutz. Windschutzmethodik, Klima und Bodenertrag. Ardey Verlag, Dortmund, 1952.

Krienke, E. G.: Akzidentelle Vergiftungen durch Pflanzen aus der Sicht einer Giftinformationszentrale. Internist, 17. Jahrg., 1976.

Krüssmann, G.: Die Baumschule. 3. Aufl., Verlag Paul Parey, Berlin, Hamburg, 1964.

Krüssmann, G.: Handbuch der Laubgehölze, 2. Aufl., 2 Bde., Verlag Paul Parey, Berlin, Hamburg, 1976.

Kuphaldt, G.: Die Praxis der angewandten Dendrologie in Park und Garten. Verlag Paul Parey, Berlin, 1927.

Laven, L.: Erklärung der wissenschaftlichen Pflanzennamen. Verlag Bruno Wilkens, Hannover, 1949.

Liebenow, H. u. K. Liebenow: Giftpflanzen. Vademekum für Tierärzte, Humanmediziner, Biologen und Landwirte. Ferdinand Enke Verlag, Stuttgart, 1973.

Marzell, H.: Geschichte und Volkskunde der deutschen Heilpflanzen. 2. Aufl., Hippokrates Verlag, Stuttgart, 1938.

Müller, H.: Die Edeleberesche. Deutscher Bauernverlag, Berlin, 1956.

Olbrich, A.: Handbuch der Baumschulen. Verlag Schaper, Hannover, 1948.

Olbrich, A.: Windschutzpflanzungen. Verlag Schaper, Hannover, 1949.

Olbrich, St.: Vermehrung und Schnitt der Ziergehölze. 4. Aufl., Verlag Eugen Ulmer. Stuttgart, 1931.

Rubner, K.: Die pflanzengeographischen Grundlagen des Waldbaues. Verlag J. Neumann, Radebeul, Berlin, 1953.

Scheerer, F.: Die Verwertung unserer Wildfrüchte. Siebeneicher Verlag, Berlin, 1948.

Schmidt, H.: Hecken und Randpflanzungen. Verlag J. Neumann, Neudamm, 1926.

Schrifttum

Schneiders, E.: Der neuzeitliche Walnußbau. Verlag Eugen Ulmer, Stuttgart, 1941

Schwabe, F.: Die Herstellung und Hegung lebender Hecken. 2. Aufl., Urquell-Verlag Erich Röth, Mühlhausen/Thür., 1927.

Schwarz, M.: Lebensvoll gestaltete Landschaften als Bildner am Boden, an Pflanze, Tier und Mensch. Landwirtschaftlicher Wasserbau, Beilage der Zeitschrift Deutsche Wasserwirtschaft. (München, Stuttgart), H. 6, 1940.

Seifert, A.: Die Heckenlandschaft. Verlag E. Stichnote, Potsdam, 1944.

Troost, J,.: Angewandte Botanik. Genaue Beschreibung von 250 häufig vorkommenden, wildwachsenden Nahrungs- usw. Pflanzen. Selbstverlag, Wiesbaden, 1884.

Unsere Freiland-Laubgehölze. Anzucht, Pflege und Verwendung. Hrsgb. E. Graf Silva Tarouca u. C. Schneider, Verlag G. Freytag, Leipzig, 1930.

Vorabico, S. O.: Wald und Windschutz. Forstliches Centralblatt (Berlin), 53. Jahrg., 1931.

Wagner, O.: Der Walnußbaum und der Haselnußstrauch. Verlag Paul Parey, Berlin, 1935.

Weber, H. E.: Über die Vegetation der Knicks in Schleswig-Holstein. Mitteilungen der Arbeitsgemeinschaft Floristik in Schleswig-Holstein und Hamburg (Kiel) I u. II, 15. Jahrg., 1967.

Zander, E.: Die Bienenweide. Verlag Eugen Ulmer, Stuttgart, 1930.

VI. Pflanzenverzeichnis

Aberesche 90
Adelbeere 84
Adelsbeerbaum 84
Adlerbaum 103
Ährige Felsenbirne 35
Aesculus hippocástanum 104
Ahlbeere 42
Ahlkirsche 66, 68
Albaum 66
Ale 66
Alexbaum 66
Alpenbeere 42
Alpenjohannisbeere 43
Alpenmehlbeere 86
Alsenbeere 66
Ambas 107
Amelánchier alnifólia 35
   canadénsis 35
   confúsa 35
   láevis 35
   ováIis 34
      var. obováIis 25
   sanguínea 35
   spicáta 35
   vulgáris 34
Amerikanischer Silberbaum 62
Ampe 107
Apfel, Holz-, Kirsch- 78
Apfelbeere 28, 48
Apfelrose 33
Arbasbeere 84
Arónia arbutifólia 48
   melanocárpa 48
   prunifólia 48
Augusteiche 103

Bässelbeere 45
Bastard-Eberesche 93
Bauernpflaume 96
Baumhasel 51
Baumnuß 99
Bérberis thunbérgii 47
   var. atropurpúrea 47
   vulgáris 45, 47
      var. atropurpúrea 47
Berberitze 27, 45
Berbesbeere 45
Bergeiche 103
Bergholunder 53
Bergstachelbeere 45
Besinge 49

Bettlerkraut 45
Bickbeere 49
Birne s. Hagebuttenbirne 78
   Holzbirne 77
Blütenhimbeere 108
Blutbuche 101
Blutnuß 51
Bocksbeere 42, 105
Boysenbeere 107
Brämen 105
Brambeere 105
Bramel 105
Braunbeere 105
Brombeere 27, 29, 105
   Sand- 106
Brombesing 105
Brommelbeere 105
Brummern 105
Buche, Rot- 29, 101
Büffelbeere 28, 62, 63

Carriers Weißdorn 70
Castánea satíva 28, 29, 95
Chaenoméles
   japónica 38, 40
   speciósa 38, 39, 40
      var. exímia 39
      var. niváIis 39
Córnus más 57
Córylus avelIána, f. fúsco-rúbra 51
      var. purpúrea 51
   colúrna 51
   máxima 51
Cotoneáster acutifólia 37
   bulláta 38
   franchétii 37, 38
   integérrima 37
   lúcida 38
   melanocárpa 37
   nebrodénsis 37
   níger 37
   pekinénsis 37
   pyracántha 35 ff.
   simónsii 38
   tomentósa 37
   vulgáris 37
Crabapfel 78
Cratáegus azorólus 70
   carriérei 70
   crús-gálli 70
   laevigáta 69, 70

Pflanzenverzeichnis

lavallei 70
monógyna 69, 70
nígra 70
oxyacántha 69
prunifólia 70
pyracántha 35 ff.
Cydónia oblónga 94
    vulgáris 94

Darmbeere 84
Dicknuß 51
Dierlitze 57
Dornschleh 63
Dreidorn 45
Drosselbeere 90
Düllitze 57
Dürreiche 103

Eberesche, Bastard- 93
    Gewöhnliche 29,90
    Mährische 91
    Russische (süße) 91
    Zahme 88
    Zwergmispel 86
Ebrizbeere 90
Echte Kastanie 95
Echter Hartriegel 57
Ecker 101
Edelkastanie 28, 29, 95
Effken 63
Eiche 13, 28, 29, 103
    August- 103
    Berg- 103
    Dürr- 103
    Ferkel- 103
    Frauen- 103
    Früh- 103
    Fürk- 103
    Harzer- 103
    Husten- 103
    Kohl- 103
    Mast- 103
    Sommer- 103
    Stein- 103
    Stiel- 103
    Trauben- 103
    Vier- 103
    Wechsel- 103
    Winter- 103
    Zucker- 103
Eike 103
Eikelbaum 103
Einbeerenstrauch 74
Elaeágnus multiflóra 73

Elexenbaum 66
Elsbeere 84
Elsbeerkirsche -Baum 66
Elsebaum 84
Elsebeerbaum 66
Elsen 66
Elzbeerbaum 66
Englische Zellernuß 51
Erbseldorn 45
Erlenblättrige Felsenbirne 35
Eschrüssel 90
Eßkastanie 95
Essigdorn 45

Fágus sylvática 101
Faulbaum, falscher 66
Faulesche 90
Felsenbirne, Ährige 35
    Erlenblättrige 35
    Gemeine 27, 28, 29, 34
    Kahle 35
    Kanadische 35
Felsenjohannisbeere 43
Felsenkirsche, Wohlriechende 100
Ferkeleiche 103
Feuerdorn, Echter 27, 35 ff.
    Gibbs- 36
Flieder 53
Fraueneiche 103
Früheiche 103
Fürkeiche 103
Gartenheidelbeere 49
Gelber Hartriegel 57
Gibbs Feuerdorn 36
Gichtbeere 42
Goldjohannisbeere 43

Haarbeere 107
Haferpflaume 28,76
Haferschlehe 74
Hagdorn 69
Hagebuttenbirne 78
Hagebuttenrose 30
Hagedorn 69
Hahnensporndorn 70
Hainbuttenrose 30
Hambuttenrose 30
Hartriegel, Gelber, Echter 57
Harzer Eiche 103
Haselnuß, Baum- 51
    Gemeine 13, 27, 28, 29, 50
    Türkische 51
    Wald- 50
Hauspflaume 96

Pflanzenverzeichnis

Hauszwetsche 96
Heckdorn 69
Heckendorn 69
Heckenrose 27, 29, 30
Heidelbeere, Garten- 27, 49
Heindelen 107
Hendelbeere 107
Herlitze 57
Himbeere 27, 29, 107
  Blüten- 108
  Rotzottige 108
  Wohlriechende 29, 108
Hindelbeere 107
Hingbeere 107
Hintbeere 107
Hippóphae rhamnoídes 59
Hirschbollen 105
Hirschholunder 53
Hörlitze 57
Hohlbeere 107
Holler 53
Hollerstrauch 53
Holunder, Berg- 53
  Hirsch- 53
  Roter 53
  Schwarzer 27, 29, 53
  Trauben- 53
Holzapfel 28, 29, 78
Holzbirne 28, 29, 77
Hornstrauch 57
Hundsrose 30
Husteneiche 103

Japanische Apfelrose 33
Japanische Quitte 27, 28, 38
Japanische Weinbeere 27, 108
Johannisbeere 27, 42
  Alpen- 43
  Felsen- 43
  Gold- 43
  Schwarze 42
Júglans régia 99
  var. *praepatúriens* 100
Juníperus commúnis 73 f.
  drupácea 74

Kaddik 74
Kahle Felsenbeere 35
Kakelbeere 42
Kanadische Büffelbeere 63
Kanadische Felsenbirne 35
Kartoffelrose 33
Kastanie
  Echte 95

Edel- 28, 29, 95
Pferde- 104
Roß- 28, 104
Wilde 104
Zahme 95
Kästenbaum 95
Katzenbeere 107
Keilkebeere 53
Kelke 53
Kelken 53
Kesse 53
Kirschapfel 78
Kirschblättriger Dorn 70
Kirsche, Mahalebs- 100
  Sauer- 98
  Stein- 100
  Süß- 98
  Vogel- 99
Kirschpflaume 97
Kisse 53
Kisseke 53
Kittenbaum 94
Knirkbusch 74
Kohleiche 103
Korallenstrauch 59
Korlesbeere 57
Kornelkirsche 28, 29, 57
Kottenbaum 94
Krakebeere 57
Krammetsbeerbaum 90
Kranewitt 74
Kratzbeere 105
Kratzelbeere 105
Kreuzdorn 45
Kriechenpflaume 76
Krietschpflaume 63
Kuttenbaum 94

Lambertnuß 51

Machandel 74
Machangel 74
Madebeere 107
Mahalebskirsche 100
Mahonie 27, 40
Mahónia aquifólium 40
Mährische Eberesche 91
Málus baccáta 78
  púmila 79
  pruniólia 80
  purpúrea 80
  robústa 79
  scheidéckerie 79
  sylvestris 78

Pflanzenverzeichnis

Mandel, bittere 98
 süße 29, 97
Maronenbaum 95
Masbeere 90
Mastbuche 101
Masteiche 103
Maulbeere, Schwarze 28, 29, 80
 Weiße 28, 29, 80
Mehlbeere 28, 29, 86
 Alpen- 86
 Südliche 86
 Zwerg- 86
Mehlbirne 86
Mehldorn 69
Mehlfäßchen 69
Méspilus germánica 82
Mispel 28, 29, 82
Mohlbeere 107
Moren 105
Mórus álba 80
 nígra 80
Moschbeere 90
Musflieder 53
Mutterbeere 107
Myrobalane 97

Nadelbaum 74
Nelken 53
Nußbaum 99

Ölweide, langgestielte 28, 73
Olandbaum 66
Ortelsbeere 84
Oxelbirne 86

Pechbeere 49
Pflaume, Bauern- 96
 Haus- 96
 Kirsch- 97
 Krietsch- 63
Pflaumenblättriger Apfel 80
Pflaumenwacholder 74
Popenbaum 86
Prúnus ávium 98, 99
 cerasífera 97
 cérasus 98
 domestica 96
 ssp. *insitítia* 76
 divaricáta 97
 dulcis 97
  var. *amára* 98
  var. *dulcis* 97
 máhaleb 100

pádus 66
serótina 66, 68
spinósa 63
virginiána 66, 68
Purpurapfel 80
Purpurne Apfelbeere 48
Pyracántha coccínea 35 ff.
 fortuneana 36
 var. *lalándii* 36
Pýrus commúnis 77

Qualsterbaum 90
Quércus petráea 103
 róbur 103
Quitschbeere 90
Quitschenbaum 90
Quitte 28, 94
Quitte, Japanische 27, 28, 38
Quittenmispel 37
Quittich 94

Reckholder 74
Refken 53
Reifbeere 45
Ríbes alpínum 43
 áureum 42, 43
 divaricátum 45
 grossulária 44
 nígrum 42
 oxyacanthoídes 45
 petráeum 43
 sylvéstre 42
 úva-críspa 44
Ribisel 42
Rósa canína 27, 28, 30
 rubiginósa 27, 28, 33
 rugósa 27, 28, 33
 villósa 33
Rose, Apfel- 33
 Hecken- 30
 Japanische Apfel- 33
 Kartoffel- 33
 Schottische Zaun- 33
 Wein- 33
Roßkastanie 28, 29, 104
Rotbuche, Gemeine 100
Rote Apfelbeere 48
Roter Holunder 53
Rote Schlehe 59
Rotzottige Himbeere 108
Rúbus fruticósus 105
 idáeus 107
 odorátus 108
 phoenicolásius 108

132

Pflanzenverzeichnis

Ruhrbirne 84
Runzelenbeere 107

Sambúcus nígra 53
  racemósa 53
Sanddorn 28, 59
Saubirne 86
Sau(e)rach 45
Sauerdorn 45
Sauerkirsche 27, 28, 98
Schaloster 53
Scheinquitte 37
Schibicken 53
Schiebchen 53
Schlehdorn 63
Schlehe 13, 28, 29, 63
  Rote 59
Schliehe 63
Schlinken 63
Schmeckbirne 94
Schmeerbirne 88
Schottische Zaunrose 33
Schwarzbeere 49
Schwarzdorn 63
Schwarze Apfelbeere 48
Schwarze Johannisbeere 42
Schwarze Maulbeere 80
Schwarzer Holunder 53
Schwarzfrüchtiger Weißdorn 70
Schwedische Mehlbeere 86
Seedorn 59
Seekreuzdorn 59
Shephérdia argéntea 62
  canadénsis 63
Silberbaum, Amerikanischer 62
Silberblättrige Büffelbeere 62
Sommereiche 103
Sorbopýrus auriculáris 78
  Sórbus ária 86
  aucupária 86, 90
  var. *edúlis* 90, 91
  var. *róssica* 90, 91
  chamaeméspilus 86
  doméstica 88
  hýbrida 93
  intermédia 86
  mougeyótii 86
  torminális 84
Sparberbaum 88
Speierling 28, 29, 88
Sperbaum 88
Sperberbaum 84, 88, 90
Spierapfel 88
Spierbaum 84

Spierling 88
Spilling 76
Spitzbeere 45
Stachelbeere 27, 44
  Berg- 45
Steineiche 103
Steinkirsche 100
Steinmispel 37
Steinquitte 37
Steinweichsel 100
Stieleiche 103
Stranddorn 59
Strauchwalnuß 100
Stückbeere 90
Südliche Mehlbeere 86
Süßkirsche 98

Taubeere 49
Traubeneiche 103
Traubenholunder 53
Traubenkirsche, Gemeine 28, 29, 66
  Spätblühende 66, 68
  Virginische 66, 68
Türkische Haselnuß 51
Türkische Weichsel 100

Ungarische Weichsel 100

Vaccínium corymbósum 49
Viereiche 103
Virginische Traubenkirsche 68
Vogelbeere 13, 28, 29, 90
Vogelkirsche 99

Wacholder 28, 73 f.
  Pflaumen- 74
Wäckholder 74
Waldbeere 49, 107
Waldhaselnuß 50
Walnuß 28, 29, 99
  Strauch- 100
Wallbuche 101
Wandelbaum 53
Wanzenbeere 42
Wechseleiche 103
Weichsel, Türkische 100
  Ungarische 100
Weide 11
Weidendorn 59
Weinbeere, Japanische 27, 108
Weinrose 33
Weißdorn, Carriers 70
  Eingriffeliger 69, 70
  Gemeiner 13, 28, 29, 69, 70

Pflanzenverzeichnis

Hahnensporn 70
Kirschblättriger 70
Schwarzfrüchtiger 70
Weiße Maulbeere 80
Welschnuß 99
Wilde Kastanie 104
Wintereiche 103
Wohlriechende Felsenkirsche 100
Wohlriechende Himbeere 108

Youngbeere 107

Zahme Kastanie 95
Zaunrose, Schottische 33

Zellernuß 51
Zwebehen 53
Zwergmehlbeere 86
Zwergmispel-Eberesche 86
Zwergmispel, Gemeine 27, 37
  Filzige oder wollige 37
  Glanzblättrige 38
  Runzelige 38
  Schwarzfrüchtige 37
  Simons 38
  Spitzenblätrtige 37
Zwetsche, Haus- 27, 96
Zwobbeken 53
Zwöbbesten 53

VII. Sachregister

Ableger 114
Abdecken des Bodens 112, 120
Absenker 113, 114
Anbinden 119
Angießen 118
Anhäufeln 113, 115
Anzucht der Pflanzen 110 ff.
Ausläufer 113, 115
Aussaat 111
Aussaat, Abdecken 112
Aussaat, Zeiten 112
Auswahl der Gehölze 23 ff., 26 ff.

Baumlaub als Viehfutter 18
Baumpfahl 119
Baumscheibe 119, 124
Baumschutz vor den Tieren 124
Bienenweide 15, 19
Boden Abdecken 112, 120
Bodenansprüche
  der Heckenpflanzen 24 f.
Boden, Aussaat,
  Vorbereitung 112, 115
Bodennähe, dichtes Wachstum in 23
Boden Umgraben 120
Bodenverwehungen 15
Boden, Vorbereitung vor
  Pflanzung 115, 116

Dünger, Handels- 121, 122
Dünger, Unterbringung 121
Düngung 112, 120, 121, 122

Eingriffe in Pflanzenbewuchs 9, 10
Einschichten 111
Ertragssteigerung 16

Feldbegrenzungen, Raine,
  Gehölze für 28
Feldmausplage 20
Frost in Ballen 117
Frostschadenmilderung 17 f.
Frosttiefenminderung 18

Gehölze, Anzucht 110 ff.
  Auswahl 25, 25 ff.
Gehölz-, Baum- und
  Mischpflanzungen 29
  Feldbegrenzungen usw. 28
  größere Gärten, Parke 27
  halbschattige Lagen 25

Haus- und Kleingärten 26
  sandigen Boden 25
  Weiden, Hutungen 29
Gehölzränder 29
Geschnittene Hecken 25, 123

Halbschattengehölze 25
Handelsdünger 122 f.
Hangbefestigung 29
Hasensicher 117
Hecken 10, 13, 21 ff.
Hecken, Arten, Unterschiede 25 ff.
Hecken, freiwachsende 25
Heckenform 27, 123
Hecken, Bodennährstoffentzug
  durch geschnittene 19
  Holzertrag durch 19
  Raumgestaltung durch 23
  Verwendung des Holzes 18
  Wall- 10 ff.
  Wärmespeicherung durch 17
Heckenpflanzen, Bodenansprüche 25
Humus 120, 121

Keimfähigkeit 110
Kleinvögel und Hecke 18
Knick 10 ff.
Anlage 11
Zusammensetzung 12 ff.

Lücken Schließen 124

Muldenpflanzungen 26

Nährstoffentzug durch Hecken 19
Nahrungszufuhr 121, 122
Niederschlagserhöhung 17
Nützliche Tiere 15

Ödlandbefestigung 29

Pfahl 119
Pflanzen 117 ff.
Pflanzen Angießen 118
Pflanzen, Auswahl nach
  Boden und Klima 24 f.
Pflanzenheranzucht 110 ff.
Pflanzen in Mulden 26
Pflanzenzahl je Meter 23
Pflanzgraben 117
Pflanzlöcher Ausheben 117

Sachregister

Pflanzorte zur Fruchtgewinnung 24
Pflanzung als Schutz gegen
 Eindringen 24
 angießen 118
 einreihig 22
 und Herbstfärbung 24
Pflanzzeit 118
Pflege 120 ff., 124
Pioniergehölze 18

Rankenzaun 26
Raumgestaltung durch Hecken 23

Samen Einschichten 111
Samengewinnung 110
Sandigen Boden vertragen 25
Schattenwirkung 20, 29
Schließen von Lücken 124
Schneeverwehungen 18
Schnitt, Art, Form, Zeit 123
Schutz der Pflanzen vor Tieren 117
Setzlingsbeschaffung 110 ff.
Setzlinge Zurückschneiden 118
Steckholz, Vermehrung durch 113
Stecklinge, krautartige 113, 114
Stratifizieren 111

Taubildung 17
Tiere,
 nützliche 15
 schädliche 23
Schutz der Pflanzen vor 15, 23

Ungeziefer, Bekämpfung 15
Ungeziefer, Verbreitung 20
Unkrautsamen 18, 20
Unterpflanzung unter Gehölze 29
Unterschied der Heckenarten 22

Veredeln 113
Verflechten 118
Vermehrung, ungeschlechtliche 113
Verwehung des Bodens 15
Verwendung des Heckenholzes 13
Viehfutter, Baumlaub als 18
Vieh, weidendes, schützen 18
Vorratsdüngung 122

Wärmespeicherung durch Hecken 17
Wallhecken 10 ff., 26
Weiden, Hutungen, Bepflanzung 29
Wind als Erdoberflächengestalter 9
Windschäden 15 ff.
Windschutzproblem 9, 15
Windstärke hinter Hecken 15 ff.
Wind und Wasserverdunstung 15
Windwirkung 15
Wurzelschnittlinge,
 Vermehrung durch 113, 115

Zusammensetzung des Knicks 10 ff.

Bildtafeln

Taf. 1: Der Feuerdorn *(Pyracantha coccinea* M. J. Roem.) zeichnet sich durch den dichten Besatz mit Beeren aus.

Taf. 2: Lang herab hängen die Zweige von *Cotoneaster integerrimus* Medik., der Zwergmispel.

Tafel 3:
Die Beeren der Zwergmispel leuchten kräftig aus dem dunklen Grün dieser oft immergrünen Gehölze. Die Abbildung zeigt *Cotoneaster salicifolius* Franch.

Tafel 4:
Der Weißdorn ist in Europa mit vielen Formen verbreitet. Die Abbildung zeigt den Fruchtbehang von *Crataegus spec.*

Tafel 5: Wie Kirschen hängen die Früchte von Malus baccata Moench an den Zweigen. Die abgebildete Form heißt *Malus baccata 'Jackii'*.

Tafel 6: Viele Varietäten hat die Vogelbeere, die abgebildete ist *Sorbus aucuparia var. edulis* Dieck.